滇中新区生态产业集群创新机制研究

DIANZHONG XINQU SHENGTAI CHANYE
JIQUN CHUANGXIN JIZHI YANJIU

吴玉宁 著

云南大学出版社

YUNNAN UNIVERSITY PRESS

图书在版编目（ＣＩＰ）数据

滇中新区生态产业集群创新机制研究／吴玉宁著．
－－昆明：云南大学出版社，2023
ISBN 978－7－5482－4725－8

Ⅰ.①滇… Ⅱ.①吴… Ⅲ.①生态经济－产业集群－
研究－昆明 Ⅳ.①F127.741

中国版本图书馆 CIP 数据核字（2022）第 181768 号

滇中新区生态产业集群创新机制研究

吴玉宁　著

策划编辑：张丽华
责任编辑：王登全
封面设计：王姗一
出版发行：云南大学出版社
印　　装：云南广艺印务有限公司
开　　本：787mm×1092mm　1/16
印　　张：9.25
字　　数：170 千
版　　次：2023 年 2 月第 1 版
印　　次：2023 年 2 月第 1 次印刷
书　　号：ISBN 978－7－5482－4725－8
定　　价：45.00 元

社　　址：昆明市翠湖北路 2 号云南大学英华园内
电　　话：(0871) 65031071　65033244
网　　址：http://www.ynup.com.
E-mail：market @ ynup.com

目　录

第一章　导　论

产业集群模式通过追求集群经济效益，在带来整个区域产业规范发展的同时，也直接带来了集群的大量资源闲置和集群潜在环境污染。生态产业发展的集群化是传统产业集群可持续发展的必然和方向。生态产业集群的本质特征在于形成集群内各类企业间完全基于生态产业共生关系构成的生态产业链新模式。由于生态产业链共生企业间多为不同行业，所以生态产业群的创新链接需要经历更多、更难、更复杂的转移传递和整合。在实践中，政府主导投资的"拉郎配"共生项目的大面积瘫痪，局域废物交换网络的失灵等，很多都是因为缺乏深入、完整、有效的信息化管理及服务方式、决策的执行机制，导致相关企业间知识、信息不对称，从而未能充分综合考虑企业资源集中协同利用的规模经济性、范围经济性特点和内在根植性造成的。因此，要形成产业集群生态化的共生关系，在努力保持集群经济发展的同时，注意兼顾生态效应，集群组织间服务创新机制建立是关键之一。由于我国生态产业集群建设具有许多不同于一般传统产业集群的特殊性和高度复杂性，导致生态产业集群内开展企业间创新也与传统产业集群有所不同，需要密切结合生态产业集群战略这一特定情境进行深入分析、各种思考和理论研究。目前，对产业集群的综合服务创新研究在我国尚未形成规模，而且现阶段对产业集群服务创新大多集中在服务行业，对制造业的服务创新、生态企业的服务创新、对非营利性管理部门参与的公共服务创新的研究还很少。因此，本书拟在运用工业生态学、循环经济学等相关理论基础上，基于生态持续保护的视角，探讨一种符合未来现代产业集群创新特征和发展趋势的服务创新机制，包含政府服务、智力机构服务、中介服务、企业内部上下游之间的服务等，为生态产业集群通过对该模式的有效运用来提升自身的竞争力，进而为推动云南省生态产业发展，推动滇中生态产业集群结构进一步调整与优化提供有力的理论依据和有效的决策参考。

一、研究的目的和意义

国家竞争优势的获得，关键在于产业的整合竞争，而产业的长远发展往往取决于这个国家中若干区域内形成的有竞争力的大产业集群。产业集群的发展，加快了区域工业化步伐，有效地促进地方经济增长，加速地区经济发展二元结构的消融，从而推动了社会、经济的和谐发展。然而，产业集群在带来区域经济发展的同时，也带来较大的区域污染这一负效应。由于加快构建生态产业集群是我国产业集群下一步发展的宏观大趋势，因此，做好关于生态产业集群发展路径的相关研究，势在必行。

创新驱动已经成为国家的基本政策，在逐步失去人口红利的现阶段，创新驱动逐渐成为我国发展的最重要驱动力。现阶段，科技进步日新月异，科技是第一生产力，全世界都将科技进步作为最核心的动力进行要素配置。企业的发展、国家的发展都要依靠创新，世界各国都将创新摆到国家战略的核心层面，纷纷出台相关政策，鼓励创新、推动创新。唯有通过产业创新驱动持续产业集群从单一高重复消耗劳动密集产业集群向生态产业集群进化，才能建立起产业集群可持续发展的新的竞争优势，才能加快推动区域经济发展。另外，只有不断创新，不断提高生产工艺，不断提高生产水平，不断进行产业升级，产业集群才能形成区域竞争优势。因此，研究产业集群发展的创新协同影响因素，推动传统高消耗产业集群向生态产业集群升级，对于指导制定区域产业集群的升级战略和相应管理政策、保证区域产业集群可持续发展、延缓产业集群衰退具有重要的指导意义。

2009 年，郭重庆院士在全国工程技术论坛上指出："在当今经济变革的时代，一个行业如果要生存下去，必须调整企业经营理念，从产品导向到服务导向。若能抓住服务化转型的机遇，在服务科学与服务创新上有所作为，中国有可能在服务型制造模式、电子商务新的商业模式上实现突破，推动社会大分工，颠覆传统的制造模式和商业模式，推动中国经济社会大发展，并对世界经济发展做出贡献。"由此可见，服务设计与管理创新不仅仅局限在服务业本身，也出现在制造业和非营利性的公共部门，是一个十分宽泛的概念。从广义上讲，服务管理创新是指一切与服务相关或针对服务的创新行为与活动；从狭义上讲，服务创新是指发生在社会服务业中的创新行为与活动。就产业对象而言，现有的服务创新研究至少包括生活服务业、制造业和非营利性的公共部门等。通过生态产业集群本身的产品服务创新，包括上下游循环生产企业、与之相关联的其他产业组织和其他与竞争有关的产业实体，如零部件、机器设备及服务、专用基础设施的供应商、下游的销售渠道和客户、制造商和在技术、技能上相关的实体等。企业内上下游之间服务创新主要包括：企业末端服务创新，上游企业通过对产品末端废弃物和副产品进行相应的工艺加工、为下游企业提供副产品服务、下游企业创建处理废弃物技术系统。过程服务创新主要包括：上下游企业自身的新工艺技术的开发，过程集成优化，管理模式创新，产业组织创新等；产品服务创新主要包括：通过产品生态设计、优化产品结构等手段，创造新产品、新市场、新政策、新的商业模式，带来产品生命周期内环境最优化的效果。通过顾客供应商参与的产品服务创新，为产品增加附加值，减少制造过程带来的环境污染。系统服务创新主要包括：开发可再生资源供应体系、生产技术和终端消费体系等，生态产业集群通过组织施行产业共生、循环经济、低碳经济、生态消费等政策，开发出可利用再生资源能源的新技术、新市场、新商业模式，新的产业组织。

此外，通过公共服务的协同创新，包括对基层政府、大学、标准化技术机构、智囊机构、职业培训机构及民间商会等产业机构服务进行创新，为生态产业集群组织提供更为专业化的管理、调控、服务、监管、培训、教育、信息、研究和技术支持等，为生态产业集群的发展提供强大动力。

二、创新对生态产业集群发展的作用

（一）创新是生态产业集群利润增长的手段

企业通过创新为产品尽可能地创造更多的附加值，并以此为增加利润的手段。与传统制造业大多以破坏、污染环境为代价，粗暴、简单地增加企业利润相比，生态产业集群服务创新通过其无污染、生态化的利润增长手段成为未来企业发展的主要途径。世界上很多大型企业已经从以前的以制造为主转型为以末端的服务为主，例如微软、IBM等知名软硬件制造公司，在市场的变化下，围绕客户的需求，已经将企业的中心转移到为客户定制信息系统服务和管理信息系统解决方案等，围绕客户的需求，提供各种体验服务。耐克等一些以体育用品为主的公司，也在市场的变化和客户的需求变化情况下，从单纯的提供体育用品转变为为客户提供良好的健康体验上来。第三产业在国外已经成为主流，中国第三产业占比持续上升，也有很多企业开始转型，但目前成功的不多。我国还处于以制造业为主的第二产业占主导地位的时代，我国经济逐渐进入新常态，经济将长期保持中低速发展，人力资源带来的红利逐渐消失，下一步的发展将逐渐转向创新发展，向创新要红利，向先进技术要红利。将来制造业的发展路径也将转向以提高产品附加值的服务创新上去，转向以技术创新为主，提高核心竞争力的研发和服务上，服务创新将成为企业发展的重要动力。

要做到产业集群的生态化发展，必须依靠集群内企业间相互共生、协作以及政府部门有预见性的规划、大力引导和扶持。与传统产业集群相比，生态产业集群在集群产生原因，集群内企业共生关系，以环境保护和经济增长为目标等方面存在一定的差异。因而，在实践过程中存在因认识不足而造成集群内物质、能量交换利用的网络"失灵",没有达到预期的建设目标。因此,探究政府等非营利性的管理部门对生态产业集群的服务创新的特征与分析其动态规律很有必要。

值得一提的是高校、研究所等知识服务部门作为知识聚集地,源源不断地向生态产业集群输送新的知识,有助于生态产业集群内企业技术创新、员工能力提升、提高员工效率与企业生产率。加强生态企业上下游之间的服务效率,更有效地利用废弃资源,有助于生态企业的产品和服务更符合于客户的要求,在提高企业利润的同时,要做好环境保护工作。

(二) 创新是促进生态产业集群共生性的途径

由于快速变化的经济环境会对集群内企业产生巨大的压力,致使其不断调整其创新策略。而生态产业集群是以共生关系构建起来的复杂网络,如果上游企业受到竞争压力的影响,为改进产品与服务而改进生产工艺、进行技术创新,从而造成对下游企业废弃物(原料)的供应发生重大变化,那么势必需要依靠有效的服务创新活动适应这种变化,下游企业势必进行组织结构调整、对生产技术进行创新等一切必须的服务创新手段以适应上游企业废弃物原料的变化。同时,生态产业集群内的上下游企业也与一般企业一样面对着以顾客为导向的服务创新压力。所以,生态产业集群内企业的服务创新与普通产业集群中的企业服务创新有共同点也有不同点,在进行研究时,既要注意其企业之间独特的共生性,还要注意其环保工作。

(三) 创新是生态产业集群发展的绿色引擎

生态产业集群为了达到经济与环境双重优化的目的,通过在集群内部的服务创新,推动集群经济和环境同步发展,这种服务创新包括对工艺的革新、对过程的再造、对组织形式的改变、对治污技术的改造等,通过以上服务创新手段,减少对资源的消耗,循环使用资源,清洁生产、低碳生产,通过工艺创新,减少生产过程中的资源消耗与碳排放,才能保证产业集群的生态目标。在生产的最后环节,通过对服务的创新,增加产品的附加值,降低资源投入,增加企业利润,在追求利润最大化的同时维持与环境的平衡。

党的十八届五中全会以来,创新作为驱动经济社会发展的动力,已上升为国策。服务创新作为绿色引擎对产业的发展具有不可估量的推动作用,服务创新因相对具有绿色环保特性,对于正在发展期的生态产业集群来讲,是其发展动力的不二选择。作为五大发展理念之一的"绿色发展"受到普遍关注,生态文明首次列入十大目标。云南"努力成为生态文明建设排头兵"的战略定位,顺应了这个重大国家战略，将"绿色"作为云南未来经济社会发展的根本纲要，努力建设成为绿色先行区，以绿色服务创新为引擎，在广义的服务创新理论背景下，以滇中生态产业集群为研究对象，探索有云南特色的生态产业集群服务创新机制。

三、国内外相关研究综述

产业集群给区域经济带来的效益越来越明显，在推动经济增长的同时，生态产业集群将克服传统产业集群可能带来的社会结构性问题，而形成类似于生态系统中的，具有"共生"关系的企业与产业相关公共机构的集合体，其显著特征就是集群内的企业之间互生共存和相互合作，建立共生产业网络来实现资源相互利用和循环。服务创新是一切与服务有关并针对服务的创新行为，服务创新不仅仅局限在一般服务业本身，也出现在制造业和非营利性的公共部门。通过服务创新提高对资源产品的使用效率，减少对不可再生资源的使用，最后能够对资源的输入进行替代，从而实现可持续发展。

2015年9月，国家发展和改革委员会发布《关于印发云南滇中新区总体方案的通知》，其中提出将打造国家级新区，成为面向南亚、东南亚辐射的支点，成为新型城镇化综合试验区和改革创新先行区。因此，研究滇中产业集群的创新因素，推动传统高消耗产业集群向生态产业集群升级，对于指导制定新区产业集群的升级战略和相应管理政策、保证新区产业集群可持续发展、延缓产业集群衰退具有重要的指导意义。

基于以上缘由，本书尝试运用现代生态经济学、产业协同共生、循环产业经济、广义的服务创新等理论，对影响生态产业集群发展的服务创新因素进行分析，从政府行政服务、政府资金投入、高校研究机构提供智力服务、社会机构提供金融、信息服务、生态企业上下游之间互相提供服务等方面入手，从上到下，从宏观到微观，从理论层面到滇中新区生态产业集群的实践，耦合内部和外部影响因素，构建较为系统的生态产业集群服务创新机制。

有关产业集群研究的学术梳理从以下几个方面展开：

（1）生态产业集群的内涵及演化

Potter等在研究国家竞争力时正式提出了产业集群的概念。他们从产业动机和经济功能两个角度对产业集群进行了定义，认为产业集群是一种知识网络，在这个网络中，可获得新的互补技术与互补资产，通过在知识联盟中的学习，降低交易成本，克服市场壁垒，在产业协作中分散了创新的技术风险并且取得经济效益，另外还可以与相互知识依赖的企业、知识生产性机构、中介机构及客户等形成增值链。柳卸林和段小华认为，集群是一些要素相互作用与依存的企业集团构成的社会生产系统，具有高度自主的创新能力，集群通常提倡知识创新与创业文化，有很强的科技基础，彼此之间进行创新交换与知识的转移分享。

生态理论强调资源的空间关系，将产业集群视为企业间因竞争资源而自然选择的结果。Ahokangas 和 Rasanen 将生物集群类比为有机的具有生命力的生物系统，它不是无组织的混合体和堆积物，而是具有自组织、自适应和协同进化内在机理的生物系统。Pouder 和 John 以生态理论作为系统分析产业集群与科技竞争和创新的动态关系的基础。

国内学者仇保兴提出，集群内每个企业都需要找到自己的"生态位"才能保持集群的企业稳定。周浩用生态学中的 Logistics 模型集中讨论了卫星产业群与网络产业群的共生模式，得出集群内激烈的竞争是集群达到稳定共生的关键点的结论。刘友金等用生态群落学思想对生态集群式创新进行了研究，提出了CLC 模型，并从行为生态学视角仔细分析了生态创新单元聚集行为。在研究中，他利用生境选择理论分析总结了创新聚集行为的一般过程模式，为培养创新集群提供了一系列新思考。傅弈芳对高科技产业集群持续创新生态系统进行了重新细分，分为制造型创新生态网络、研究类创新亚群落、中介类辅助创新亚群落、集群内部创新生境、外部创新生态环境，并利用生态学理论对这些群落的特点进行了详细分析。何继善分析了产业集群的集群生态平衡模型，得出一个产业集群的生态平衡条件，即集群必须要有明显差异性，不能高同质性，集群必须形成功能完善稳定的协作网络机制；集群必须保持与外界的充分交流与有效合作，要形成一个开放的稳定的生态系统。黄鲁成从生态学视角分析了通讯设备制造业的技术创新种群演化过程。滕清安，陈志成利用元胞自动机对产业集群演化进行仿真，指出产业集群的演化要经历一个显著的从无序到有序的过程，集群内企业的增长类似于生物群落数量的增长，是一个逐步有序的过程。

本书综合各学者观点，将生态产业集群定义为以生态学为基础，通过友好方式开发和利用资源，追求更小的资源、环境代价和更高效率，遵循 3R 原则（减量化、再利用、再循环），最终形成和谐共容的产业集群。

（2）生态产业集群发展与动力机制研究

生态产业集群的形成，与传统产业集群的形成有较多不同之处：一方面，生态产业集群追求的不仅仅是效益最大化，同时要考虑经济与环境的平衡，规划的时候就要坚持资金、技术、规划、环境相结合的基本要求；另一方面，企业进入生态产业区，通过聚集效应，减少建设成本、增加资源消耗效益，减少资源输入、提高知识共享程度，提高生态效益。

　　我国大多数学者都认为生态产业集群发展方式是我国产业区下一步发展的主要方式，同时也是必要的发展方式。汪上从政府推动、企业加快实现规模经济的内在要求、政府推行的环境保护政策及社会可持续循环发展需要、社会资源约束、绿色理念的广泛树立五个方面分析了我国引导中小企业发展循环经济的动力机制，进而提出了相关发展措施。刘恒江、闫文圣将动力机制划分为内部动力机制和外部动力机制，外部动力机制包括政府的管理、外部企业间的竞争等，内部动力机制是指企业将所处的区位优势转化为内部竞争优势，并且将动力机制定量化分析，构建了产业区动力机制的动态模型。共生网络的形成机制也受到了广大学者的重点关注：成本的因素、对经济效益的追求、环境效益等都是促使共生网络形成的动力。

　　（3）多主体参与的服务创新

　　服务创新不仅仅是只针对服务行业的创新，而是对一切与服务相关或者针对服务的创新行为活动。随着技术的发展，市场竞争的加剧，服务创新的多主体化趋势越来越凸显。Gadrey 和 Gallouj 都指出：企业的服务创新是由多方力量参与的，包括了政府、供应商、高校和科研机构、中介机构、咨询机构、金融机构、顾客等。Smith 和 Fischbache 则认为，由于服务创新涉及到各相关主体，在服务创新产生效益的过程中，各主体的利益都要考虑到，所以服务创新的过程中就要共同考虑各利益共同体。许跃辉和朱道才等在借鉴国外对服务创新研究的基础上提出服务创新要注意政府的作用，政府要改变职能从管理变为服务。

四、研究内容和研究方法

　　本书研究的主要内容：

　　（1）研究对象

　　滇中新区生态产业集群及其核心主体。

　　（2）总体框架

　　第一部分：提出本书题中滇中新区生态产业集群构成要素。

　　第二部分：厘清生态产业集群的各主体与系统之间、环境之间的联系。主要包括：

　　利用鱼骨图模型分析生态产业集群快速发展的影响因素，构建出生态产业集群快速发展的影响因素模型。

　　将所有影响因素导入模型中，通过定性结合定量的方法建立判断矩阵，通过模型计算影响因素并进行排名，找出关键影响因素，进行主因子分析。

　　第三部分：结合滇中新区的发展现状，通过流率基本入树建模法分析产业、经济及资源的内在关系，构建"产业—经济—资源"反馈系统，并结合滇中新区 2019—2020 年的基础数据进行模拟仿真，模拟分析外部服务创新影响因素对生态产业集群的作用。

第四部分：利用博弈论方法，对生态产业集群服务创新的内部影响因素进行分析，对生态产业集群上下游企业之间的服务进行演化分析，并且指出滇中新区内部上下游企业之间的服务如何互动，如何形成服务创新机制。

第五部分：进行政府、社会与企业，智力服务部门与企业，企业与企业中介服务部门与企业之间通过服务创新推动生态产业集群发展的相关管理策略研究，并据此提出生态产业集群服务创新机制和滇中新区生态产业集群发展建议。

本书的研究方法：

（1）文献研究法、鱼骨图分析法

文献综述是该研究的基础，为研究假设提供突破口，通过采用鱼骨图法，对文献提出的相关理论进行归纳和分析，发现各类问题和因果关系，说明互相之间的影响。

（2）层次分析法

利用层次分析法对影响因素进行定性与定量分析，求得各层次相对上一层次的优先权重，对影响生态产业集群的影响因素进行排序。

（3）博弈论方法

由于滇中新区生态产业集群上下游企业之间服务数据无法获得，只能通过博弈论方法，对生态产业集群内部影响因素进行分析，并发现相关作用机理，为后面的机制构建提供基础。

第二章 生态产业集群的理论

一、产业集群理论

（一）产业集群的理论溯源

20 世纪 90 年代，美国哈佛商学院的麦克尔·波特教授首次提出了产业集群的经济理论，产业群被定义为："在特定行业领域中，同时具有紧密竞争与业务合作关系，且在地理位置上集中，有交互关联性的企业、专业化供应商、服务供应商、相关产业的商以及相关的机构（如制定标准化的机构，产业协会）。波特教授的理论可以理解为，产业集群是在一个特定区域的一个特别产业领域，集聚着一组彼此相互关联的具有产业共性和资源互补性的公司、供应商、关联产业和专门化的协会机构，这种区域集聚引发了激烈有序的市场竞争，专业化生产要素也大量集聚于此，企业可以共享外部经济、市场环境和本地的公共设施，信息交流成本和物流成本也随之降低，区域集聚效应、外部效应、规模效应以及区域竞争力陆续形成。波特教授认为，虽然集群内企业的惨烈竞争暂时降低了利润，但相对于其他地区的企业却建立起竞争优势。严格来讲，到目前为止，产业集群的研究没有形成系统的理论，从产业集群理论所包含的内容来看，产业集群的研究既与古典经济学、传统地理学、经典区位论等理论密切相关，也与发展经济学、新制度经济学以及国家创新系统理论理论高度相关，更源自新古典经济学理论、新经济地理学理论、柔性专业化理论、新产业区理论、管理学等理论的不断演进。显而易见，产业集群理论是建立在上述理论成果基础上的，是基于上述理论不断演进与发展的结果。不管是李嘉图提出的比较利益原则，斯密提出的绝对利益原则，巴朗斯基的地理分工，还是基于俄林的价格差异，这些理论虽然观点各不相同，却能归纳出这样一个观点：即全球化地域分工直接决定了国际产业大集群的空间分布格局。此外，佩鲁提出的"增长极"概念，赫希曼提出的"极化效应"和"涓滴效应"，以及续尔达尔和卡尔多提出的"扩散效应""回流效应"和"循环累积因果原理"等等，都有意无意地涉及产业集群现象。另外，一些学者则关注到，产业集群其实是国家创新系统的一个缩影。事实上，从区域经济的角度出发，可将产业集群视作一个学习型区域或者区域创新系统。经营从产业经济的角度来看，产业集群也可以简单看作是某个特定地域上集中的一种产业组织形式。因此，在上述理论之中，马歇尔的经济外部性现论、古典区位论的集聚经济理论、新古典空间经济学理论、创新系统理论、新产业区域理论、产业组织论等理论，对产业集群理论的提出和发展有着深远的影响。

（二）产业集群的结构框架

波特教授（1998）在其著作《国家竞争优势》中首次提出了国家竞争优势的"钻石模型"，其结构组成主要由需求市场、生产要素、相关及支持产业、企业的战略、结构和同业竞争等四个基本因素和机会、政府这两个附加要素组成。波特教授在阐述其竞争优势理论中指出，各资源要素发挥作用时是基于一个动态系统性机制的变化。国内竞争压力和地理区域要素的集中使得整个"钻石"结构成为一个系统。"钻石模型"作为一个相对动态集中的系统，只有在每一个要素都积极参与的条件下，才能有效创造出企业发展的环境，进而促进企业扩大投资和组织创新，因此，地理集中是必要条件。地理区域的集中造成的竞争压力可以提高国内其他竞争者的创新能力，更为重要的是因地理区域的集中而形成的产业集群将使四个基本要素充分整合成一个整体，从而容易相互作用和协调提高，形成产业国家竞争优势。"钻石模型"的基本目的就是"推动一个国家的产业竞争优势趋向集群式分布，呈现由客户到供应商的垂直关系，或由市场、技术到网络营销的水平关联"。按照"钻石模型"的描述，产业集群系统的整体形成离不开三类企业及其相关机构，这三类企业别分别是：一是来自垂直方向的分包商、供应商、咨询机构等，即产业链主体；二是来自水平方向的拥有相似技术和企业战略并共享劳动力市场的外部竞争者，即产业的同类型企业；三是指负责促进知识供给和制度供给的各种公共服务部门或政府政策，如大学、国家实验室、政府相关产业政策等，即支撑服务平台。其中支撑服务平台是政府、企业和第三方中介共建的体系，其对产业链和同类企业这两类产业集群模式起到推动、服务作用。

（三）产业集群的生命周期

从生物学概念来看，生命周期是指一种具有生命特征状态的有机体从出生、成长、成熟、衰老直至死亡的整个生理衰老过程。借鉴产品生命周期理论，可以将集群生命周期划分为形成期、成长期、成熟期、衰退期四个阶段。一般产业集群从产生到消亡的生命周期要经过产业的基本形成、成长、成熟和衰退四个阶段。具体阶段定义及表现如下：

（1）形成阶段

产业的形成时期，一般是指几个生产同类产品或服务的、经营规模类似的中小企业的创业初期。一般这个时期企业开始集聚，但此时的产品和生产过程还没有标准化，基于信息网络、分工合作机制以及资源共享机制所产生的协同效应还不明显，集群主要依靠集聚经济获得竞争比较优势。产业集群的产值不高、市场占有率低。

（2）成长阶段

产业的成长时期，一般是指该产业由几个类似的中小企业迅速发展为十几或几十个乃至上百个较具规模的中型企业，企业开始扩大生产规模，一些上下游配套企业加入，初步形成产业链，产业集群初具规模。产业集群此时将集群内的资源，如技术、信息、资金等更多地投入到主导产业（或产品）的生产上，并以日益增长的速度和规模扩大生产。这个时期企业产值一般有了一定的规模，市场认知度有了一定提高，市场占有率开始提升，集聚效应明显，注重科技应用与产业（企业）规模的扩大，发展潜力显现。

（3）成熟阶段

产业的成熟时期，一般是指该产业有十几个较具规模的中型企业发展为几个或十几个龙头企业，上百或数百家同类中小企业，拥有成熟的配套企业群，形成区域性或全国乃至世界性的产业集群。一般这个时期的该产业总产值占同类产业产值的比重很人，是该行业的领军产业集群，拥有较大的市场规模和较高的市场占有率，

集聚效应很好，生产加工过程和企业产品走向标准化，企业已形成大规模生产，注重过程成本过程控制，产品的平均成本达到最低点，但本地同类产品企业间竞争加剧，利润开始下降。在这个阶段，集群内企业对专业技能和知识的学习和转化减少，产品新技术创新率相对稳定，产业集群中的企业存在过度竞争的威胁，企业间协同关系出现僵化，产业内优胜劣汰明显，存在较多的规划性转移、公司并购、上市融资等战略结构调整及融资方式的转变。

（4）衰退阶段

产业的衰退时期，一般是指该产业由于国家政策、区域规划、产品灾难性缺陷、产业信誉及金融危机等的影响，导致产值降低，市场萎缩，利润下降，产品线整体需要改造或迁移等，集群中企业大量退出，集群失去对市场的灵活反应，应变能力开始衰退。

（四）产业集群的形成机制

根据集群内部的企业结构形态不同，我国产业集群可以分为三种类型：寄

生型产业集群、共生型产业集群和外生型产业集群，这三种产业集群的形成机制各不相同。

（1）寄生型产业集群的形成机制

寄生型产业集群往往是在一定的区域范围内由于规模大的企业所吸引的配套企业而形成的。以某一个或几个核心企业为发展中心，许多劳动密集型小企业围绕核心企业进行生产加工是这类产业集群的基本结构。众多的配套中小企业往往依附于大企业而生存，成为大企业的供应商或客商。为大企业配套或进行外包服务，通过垂直分工而形成专业化企业合作网络，这种合作往往是由大企业为主导地位的。这种集群表现出来的网络结构具有比较明显的层级结构。尽管为配套生产或者服务的这些中小企业在为大企业专业化配套服务的同时，也往往提供给其他的企业服务，但这些企业也容易为大企业所左右。这种集群结构虽在短期内可通过大企业与众多中小企业的合作形成弹性和专精的灵活生产方式，从而增强中小企业集群整体的竞争力。然而，在这种合作关系下，小企业在自身产品、技术、财务等方面仍依赖于中心大企业，小企业在组织创新性和经营灵活性方面仍显不足。所以，这种形态的网络结构极易出现发展僵化和过度专业化的不良倾向。同时，在技术上小企业严重依赖大企业的技术和产品标准，导致中小企业在技术演化过程中有明显的"路径依赖"，一旦产业集群进入衰落阶段时，群内这些企业往往因无法实现技术转型而相继倒闭。

（2）共生型产业集群的形成机制

共生型产业集群往往是一些中小企业在本地诞生、成长，在发展过程中这些企业通过专业分工和合作，迅速获得企业的外部规模经济。这些中小企业获得发展和竞争优势，依靠与其他中小企业进行产业内部的分工，获得生产效率的提高，而同一产业链条上的各类专业化中小企业彼此之间又需要长期合作，以增加信任，降低交易成本，获得外部规模经济。这些专业化的中小企业彼此之间相互依赖，相互支持，彼此间形成了水平的横向的网络联系。我们称之为共生关系网络。

（3）外生型产业集群的形成机制

外生型产业集群中企业之间的联系主要是外来投资企业形成的网络联系。外资企业集聚成群，也与本地的一些配套的中小企业形成分包的网络联系，但同时这类企业分工合作网络往往是拓展到集群外部的，或者说这一产业网络是在国际产业分工和全球价值链活动中形成的。所以我们称其为外生关系网络。在这类产业集群的发展过程中，当地政府应注重这些外资企业的"根植性"，积极培育外资企业与本地企业的结网、生根。否则，一些外资企业就可能成为"流星"，在短时间内外迁。外迁企业增多后，这种产业集群就逐步成为"飞地"，并走向衰退。

二、生态学理论

德国生物学家赫克尔（Haeckel）于 1866 年首先提出生态学概念，认为生态学是一门研究生物与其环境之间关系的科学，尤指动物与动物、动物与植物之间互利或敌对的关系。关于生态学的定义，两百多年来，各国学者曾有过不少不同的表述。归纳各方观点，结合当今生态学的发展动态，生态学可定义为：生态学是研究人、生物与环境之间的相互关系，研究人类生态系统和自然生态系统的结构与功能的一门学科。简单地说，生态学实际就是研究一切生物的生存状态，探讨某种生态系统下生物之间和生物与环境之间环环相扣的关系，强调联系和发展的科学。随着人类社会科学及生态学的发展，生态学形成了独特的方法论并在此基础上构建起博大精深的学科体系，成为自然科学和社会科学的桥梁。生态学中很多的重要理论可以用于自然界和人类社会的各种事物的分析、观察和研究中。

（一）生态系统理论

自从 A. G. TanSley（1935）提出"生态系统"的概念以后，就引起了越来越多的学者的认同和关注。生态学家把"生态系统"界定为一个域群集，且有物种聚居的环境，每种生物为了保护自身的利益，都会主动地适应所处的环境。从上述定义可知，生态系统有两个重要的构成因素，即复杂的生物及其所处的环境。在生态系统中，各种参与者彼此互相依赖，命运攸关。因此，相对于研究单个生态系统之间的差异而言，研究生态系统之间的关联似乎更有意义。Kaoffman（1968）也提出，每个自然物种只与其余物种的一个子集有联系，而不是与整个自然生态系统有联系，所以这个自然生物系统从某种程度上说是呈网络结构的。生态系统是生态学中的基本功能单位。生态学中生态系统的主要功能在于强调各系统间必需的相互关系、相互依存和因果联系。这其中包括三点：（1）主要研究复杂生态系统内各要素的相互关系和动态变化，同时综合评价部分的行为，探讨生态系统的整体表现。生态系统内的各部分保持各自独立，又相互联系、相互制约并形成一个整体，牵一发而动全身。（2）生态系统内各种生命层次及各层次的生态整体特性和系统功能都是生物与环境长期协同进化的客观产物，都处于不断进化调整的过程中。（3）生态系统具有自我调控的功能以保持自然生态系统内各部分的动态平衡，系统失衡将大大影响系统内各部分的个体生存与发展。

（二）生态位理论

（1）生态位的内涵

生态位是当今生态学中的重要概念，生态学中很多的重要理论，如关于自然群落中物种分布的多样性、物种在生物群落中的生存位置，物种个体对多种环境因子的适应以及自然界生物之间包括互利共存和竞争在内的各种相互关系的研究都是以生态位概念为主要理论基础。关于生态位的内涵，不同时期的学者提出了不同的理解。第一，空间生态位。美国学者 J. Grenill（1917）认为，生态位是生物单元在群落中所处的位置和所发挥的自然生物功能作用，实质上是一个行为单位。第二，营养生态位。英国生态学家 C. Elton（1927）提出一个动物的生态位表明它在动物环境结构体系中的地位及其与食物和重要生物天敌的关系，即这个物种在生物群落中的某种地位与功能作用。第三，多维生态位。1957 年英国生态学家从空间资源利用等方面考虑，提出 n 维生态位，认为在自然生态系统中，物种资源分布组合的适合度受到许多生态物种和非生物因子的影响，是多维的，并把生态位区分为基础生态位和现实生态位。在没有竞争的前提下，一个生态物种能全部占有它的生态位，即基础生态位，否则就只能占据基础生态位的一部分即现实生态位。因此，生物会受到对其发展形成限制的各种作用力的影响，如物种竞争和不利的生存环境等，任何生物的生态位实质上都是一种现实生态位。通俗地说，生态位就是自然界生物在进化过程中，通过自身对周围环境的长期适应，能在一定生态范围栖息地获得生存资源，并据此形成自身发展的最大生存优势。

（2）生态位的调整

大多数生物的生态位都是在不断地调整中的，这种调整一是对于环境的适应。例如生物生存的时间和地点发生了变化，生态位就必须做出调整。二是对于竞争的适应。物种群体间的竞争主要由于生态位重叠而引起。当两个生物需要利用同一资源或共同占有其他环境变量时，就会出现生态位重叠现象。种群间能够利用的资源是有限的，生态位重叠度越大，就意味着竞争越强。因此，如果两者之间生态位不同时，那么并不会出现对生态位的争夺，此时合作大于竞争；如果两者的生态位相近甚至重合时，此时竞争大于合作。这时，弱势种群就需要调整自己的生态位以适应竞争。然而，即使生态位不同，当处于相同生态环境下的不同种群利用的资源基本相近时，种群也需要调整已有的生态位，这种生态位适时调整主要体现为增强自己的生态整体功能，扩大自己的综合优势，以利于环境资源的争夺。

（三）种间相互作用理论

在生态学体系框架中，关键的种间相互作用主要有正相互作用和负相互作用，种间正相互作用指种群间存在合作和共生，负相互作用指种群之间的相互竞争。种间竞争就是两个或更多物种的种群，因竞争对它们的增长和存活所产生的负效应。种间正相互作用的主要表现是种群间的互利共生。互利是指对双方都有利的种间关系，但这种关系远没有发展到彼此相依为命的程度，如果解除这种关系，双方都能正常健康生存，因此也叫兼性共生。而共生是物种间相依为命的一种互利关系，这种互利关系密切，如果失去一方，另一方也不能生存，因此又叫专性共生。生物当中，互利的形式又可表现为共栖和杂交。共栖是协同进化活动的结果，即两个不同种群长期在一起，逐渐形成相互适应、相互依赖关系的一种进化过程。杂交，是指两个不同种群进行繁殖产生二代杂交种的生物学行为，是优良物种产生的前提。生态学领域的种间相互作用理论是本书对产业集群内部各子群相互作用关系的理论依据。

三、生态产业集群理论

在经济增长的同时，如何保护好区域生态环境也成为学者们研究的热点问题。生态产业集群能够较好的兼顾经济利益和环境效益，也正在成为解决好该问题的一把钥匙，对此，学者们都有统一的认识。认为生态产业集群模式是为了克服传统产业集群可能带来的环境问题而形成类似于生态系统的具有"共生"关系特征的企业与相关机构的集合体。生态产业集群是某个区域内的社会因素、经济因素、环境因素、企业因素等相互作用和相互结合的集合体。

（一）生态产业集群的运行模式

危旭芳从国内外实践中总结出外部效应内部化等四种生态产业集群模式。李中斌从产业生态系统模仿自然生态系统出发，提出产业集群生态化发展的四种模式：丛林式产业集群、食物链式产业集群、窝群式产业集群、蚁窝式产业集群。吴荻和武春友根据我国主导产业的地位，提出外销、内销、网络共生是生态产业集群的主要运行模式，并提出产业集群生态化需要企业和产业两个层面共同作用和组合，由此形成了平等型和依托型两类生态产业集群。他们结合对多个国家有代表性的生态产业集群的运行模式进行梳理和归纳，认为主副产业衍生模式和平等型模式是其基本运行模式。

（1）主副产业衍生运行模式

这种运型模式的生态产业集群，是以一种或多种产业为主产业，从中衍生出多种副产业；副产业可以是利用主产业的排放物，同时向主产业提供某种再生资源或向市场提供某种产品或衍生出其他副产业。

一方面主副产业衍生运行模式的特点在于主产业主导生态产业集群的运行，在生态知识行为中处于主导地位，其绿色产品创新、生态改造等生态知识行为会影响其共生副产业和整个生态产业集群的稳定性；另一方面，主产业企业能够成为创新标准的制定者，有效带动其副产业企业联动创新，从而给整个集群带来创新活力。

（2）平等型运行模式

这种运行型模式的生态产业集群，由两个或两个以上的产业共生聚集，每个产业都有自己的资源输入和产品输出，同时相互之间有效利用对方的排放物，实现生态资源高效循环利用和综合利用。平等型运行模式的特点在于各产业之间在业务谈判与环境治理过程中处于平等地位，它们共同决定产业集群能否持续发展的技术可行性。某产业企业的生态行为，如绿色产品创新、生态改造等，会影响其共生产业。整个生态产业集群的创新活力来源于所有产业企业。

（二）生态产业集群与传统产业集群的比较

勃伦登·阿伦比（Braden Allenby）从外部约束条件、集群结构、技术水平、关键生产要素、生态效率、政府资源及环境管制等方面对生态产业集群和传统产业集群进行了对比。危旭芳归纳了在追求目标、理论基础等方面生态与非生态产业集群的不同。陈彬和景冬梅提出绿色企业在经济运行上要有高度的灵活性、开放性，他们还指出生态工业园具有纵向闭合性、横线耦合性、区域整合性、柔性结构、复杂性和稳定性的特点，生态工业园在废物利用上追求整个集群的生态、资源增值，而传统产业集群只求一来一往的废物交换。甘永辉从系统耦合关系、稳定性、进化策略等方面对生态工业和传统工业进行了区别比较，并指出生态工业园具有互惠连续共生的企业共生模式。韩玉堂认为生态产业链与线性生产链的区别主要体现在理论基础、链上企业所属行业、链上流动物质的属性、链上流动物质的形态等方面。笔者认为，生态产业集群的本质特征在于生态产业链。其与线性生产链的区别主要在于，前者以工业生态学为理论基础，链上企业多为不同行业，链上流动物质多为废弃物或副产品；后者以产业学为理论基础，链上企业多为同一行业，链上流动物质为各企业产品。生态产业链企业组织间的生态产业共生关系是互惠连续共生的企业共生模式，互惠连续共生网络具有高网络密度、高知识互动率、高加权聚集度、低特征路径长度的基本特点。基于当前文献的相关研究，对生态产业集群与传统产业集群的比较进行总结和归纳，如下表2-1所示。

表2-1 传统产业集群与生态产业集群的对比

类 别	传统产业集群	生态产业集群
外部约束条件	自然资源丰富，环境压力小，产品市场需求大；人力资源丰富，人力资本储备不足	自然资源成为重要约束，环境恶化；市场产品供大于求，讲究个性化；人力资源有限，人力资本储备增加
政府资源及环境管制	力度小	日益严厉，最终制度化
追求目标	经济效益	生态经济效益
外部效应	负外部效应强	负外部效应不断弱化
生态效率	高资源开发，低资源利用，高废弃物排放；生态效率低	少量资源开发、高资源利用，几乎不排放废弃物；生态效率高
技术和创新	技术含量低	生态产业链一般是跨产业的。需要多种技术渗透、交叉、综合，所以技术多样性和复杂性高，有本质上的创新
动力机制	知识外溢、劳动力市场共享、信息共享、交易费用降低、规模经济效益、区位品牌、专业附属行业、专业分工、创新网络	在资源环境、生态环境、产品市场供需环境压力下由资源与环境成本推动、政府推动、用户绿色需求推动、集群网络推动、技术推动。服务推动
理论基础	产业学	工业生态学
资源利用	高开发、低利用、高排放生产方式下的"资源—产品—废弃物"单向线性经济	低开采、高利用、低排放生产方式下的"资源—产品—再生资源"反馈式循环经济
产业选择标准	总产出	循环经济

续 表

类 别	传统产业集群	生态产业集群
废物利用	一来一往的废物交换或直接向自然界排放	整个集群的生态、资源增值
集群景观	灰色、压抑、缺乏活力	绿色、和谐、生机勃勃
持续能力	弱	强
主要组织模式企业间的关系	基于信任的社会关系、基于契约的市场关系、基于联盟的交易关系	生态产业的共生关系（互惠、连续）
集群基本运行模式	马歇尔式、轮轴式、卫星平台式、国家力量依赖型	主副产业衍生模式和平等型模式
集群组织的多样性和复杂性	产业种类少、企业生产链短、几乎没有物质循环、属于企业聚集体。简单网状、刚性	产业种类较多、企业种类、规模、相互作用的内容和强度多样化、生产链线性延长、具有完善的物质循环。复杂网状，自适应
集群结构	稳定性不佳、核心性不明显、单向	稳定性好、核心性明显、双向
交互活动的动机和意愿	强调一个企业从另一个企业中获利	强调双方的互惠
交互活动频率	有，但不频繁	群内物质、资金、知识、信息流动频繁
交互活动的渠道	更多地依赖技术、管理等知识的外溢，构建良好的社会关系	更多地采取紧密型渠道，如建立研发合作项目，共建实验基地
根植性	不一定与当地形成根植性	将自然资源、生态环境、民众均纳入集群，与当地有较强的根植性

第三章 区域创新系统理论

创新的主角是企业，企业借助技术变革的契机推动经济发展，国家创新系统为此过程提供良好的支撑环境与方向指导。经济合作与发展组织（OECD）在1996年发表的《国家创新系统》报告中也明确了这一观点："创新是不同主体和机构间复杂的相互作用的结果。创新并不是以一个完美的线性方式出现，而是系统内部各要素之间的互相作用与反馈的结果。这一系统的核心是企业，是企业组织生产和创新、获取外部知识的方式。外部知识的主要来源是别的企业、公共或私有研究机构、大学和中介组织。"OECD进一步揭示了国家创新系统的政策意义，在其《国家创新系统》报告中指出研究国家创新系统政策的意义是纠正技术创新中的系统失效和市场失效，即纠正企业因短视而对技术开发的投入不足。

正如熊彼特反复强调的"创新扩散由于时间和空间的因素必然呈现出不均衡性"那样，国家创新系统的部署并不是简单的创新子系统相加。即使是在工业革命时期的英国，创新也不是遍布全国，通航的运河、水利资源、公路交通以及矿产资源等地理资源要素，都直接影响着创新活动的地理分布。于是，创新活动的空间分布性越来越明显，"sub‐national"产业区域在国家经济发展中日益发挥其优越性，而关于"sub‐national"区域创新系统的研究价值也逐渐超越了国家创新系统。实际上，人类行为一个最突出的特征就是具有跨越不同空间交换信息和商品的能力。由于空间异质性，导致技术和知识不完全流动理论或缓慢扩散的假设会更接近现实。缺乏空间维度的理论也渐渐显示出不完美，使用"在一个没有空间维度的地方"进行研究（Isard，1956）是区域科学之父艾萨德对于主流经济学的批评。20世纪60年代以后，一些区域经济学家纷纷开始将新古典增长理论逐步完善，认为创新和发明是受空间距离和空间壁垒影响的，将区域内部空间结构的变动对区域增长的影响纳入新古典增长理论（Richardson，1973），综合空间、时间、产业维度构成的区域创新系统功能的优越性在区域经济发展过程中也日益明显。

一、区域创新系统的概念及特征

（1）区域创新系统的概念

区域创新系统（Regional Innovation System，RIS）的研究是建立在西方国家创新系统研究的基础之上的，从 20 世纪 90 年代起，很多学者就开始研究创新与区域经济发展的互动影响。

1990 年，英国学者库克（Cooke）在其与莫根（Morgan）合作完成的《通过网络化进行学习：区域创新及巴登—符腾堡的教训》研究报告中，提出了"区域创新系统"的概念，并在其 1996 年主编的《区域创新系统：全球化背景下区域政府管理的作用》一书中，对区域创新系统的理论与实证研究进行了详细阐述。为规范研究，Cooke 等（1997）指出区域的定义有两种：第一种类似于国家的概念，是指那些分享共同、文化、语言的人们和领土联合而成，我们把那些不在一个州内、具有不同政府机构的形式称之为"文化区域"，例如 Scotland。第二种是有着独立主权的国家与国家之间形成的区域，虽然它们有着不同的文化背景和政治结构，但是它们也制定了共同的行动纲领。总之，区域是沿着地域文化、经济发展以及政治关系的三条不同轨道而形成的。

随着区域创新理论及其研究成果在实践中的应用，很多学者都在特定的创新区域的创新实践基础上建立了区域创新理论。典型的研究成果包括：Corrigan（1992）对莱茵—阿尔卑斯地区的研究；Hassink（1992）对巴登—符腾堡及英格兰东北部地区的研究；Saxsonian（1994）对美国硅谷和 128 号公路地区的研究；Asheim 和 Dunford（1997）对欧洲区域未来发展的研究；以及卡西奥拉托（Cassiolato）（1999）在对拉丁美洲国家创新系统研究过程中作出关于国家、区域、地方创新系统的关系的论述。国内关于区域创新系统的研究开始于 20 世纪 90 年代中期，王辑慈教授在其题为《硅谷和 128 公路的对比看高技术产业创新力的保持》（1996）的文章中对有关区域创新系统的基本概念和基本理论进行了引进和评价，并在其著作《创新的空间——企业集群与区域发展》（2001）中阐述区域创新系统与区域经济发展的关系以及企业集群化发展。冯之浚教授（1999）在《国家创新系统的理论与政策》一书中指出，区域创新系统的建设是国家创新系统建设的基础任务和重要内容，区域创新系统必将对地区经济发展起到重要作用。苗长虹（1999）认为，区域创新理论的应用研究应包括一个区域的经济振兴、新产业区的形成、地方环境和创新能力的培育等多个方面。盖文启（2002）从创新网络系统方面指出，企业、大学或研究机构、政府、中介机构以及区域金融机构等是区域创新网络活动中的结点，企业创新网络中活动的发生过程与完成是一个由各个结点协同创新的群体活动与分散决策过程。

总结以上对于区域创新系统的讨论，主要围绕三个重要方面：一是 RIS 与 NIS 的关系；二是都承认区域创新系统有一定的地理空间范围，受到一定的行政区域和经济地域的影响；三是区域创新系统是由许多创新的要素综合组成的，创新要素按一定发展规律集聚与扩散是区域创新系统发展的至关动力。

（2）区域创新系统的特征

区域创新既涵盖区域的技术创新，又涵盖区域的科学创新，并从科学与技术的互动关系上来把握区域的科学技术创新。所谓区域创新是指依托区域科学技术创新实力，有效地利用区域创新系统资源，协调促进区际（国际）间的科技合作与竞争，实现区域内科技创新资源（人力、财力）的高效配置与结构优化，促进区域创新系统活动各方面广泛开展和创新成果的应用、推广及普及，从而积极创造和发展区域的竞争优势。其目的是为有效保证区域经济安全与社会发展服务。区域创新系统是区域科学与技术组织、高校、企业相互作用，并且共同发展的新型创新网络。这种创新系统不仅具有系统的主要特征，而且是开放的网络体系，既有与国家科技创新系统对应的结构与功能，又有区域系统自身的特点与特色，承担并负责把高新科学与技术内化为支持区域经济发展的自变量、促进区域产业结构的调整与科技现代化，从而保证区域经济与社会文明的可持续发展的任务。

区域创新系统作为一种特殊的区域创新系统，它既连接企业技术创新系统和国家创新系统的中间环节，又具有开放性技术经济系统的一般形成特性，即层次性、耗散性、开放性、涨落性等。深刻认识和了解区域创新系统的这些特征，对于我们提出发展战略和实现创新目标，提高区域产业技术创新能力都具有重要作用。

●区域创新系统的层次性特征

任何系统依据纵列的方向都可以划分为若干层次，其中下一层次是上一层次的有机组成部分。区域创新系统具有高度层次性，任何一个区域创新系统都有若干个层次的子系统构成，各个子系统形成由简单到复杂、由低级到高级的等级序列。

●区域创新系统的耗散结构特征

一个系统的所有要素按彼此的相关性、协同性或某种默契形成特定结构与功能的过程称为系统自组织，它是复杂的、自身演化发展的系统。在某种给定环境中，自组织机制能够把诸要素转托到某个振荡点，具有使要素自我协调发展、自我演化扩张的功能，通过要素间相互作用而形成有序结构。比利时学者普里高律将自组织系统称作耗散结构。

耗散结构理论指出，一个暂时远离平衡的开放系统可以通过不断地与外界交换物质、能量和信息，在外界条件变化达到一定熵值时，从原有的某种无序状态，转变为一种时空上或功能上的有序状态。耗散结构就是指这种在远离平衡条件下所形成的新的有序结构。耗散结构理论揭示出，只要具备一定的平衡条件，远离平衡的开放系统出现耗散结构即发生自组织是必然的，而不是偶然的。

区域创新系统的形成，一开始就是处于一种不断变化的市场需求、不确定性的技术创新客体与创新手段等组成的动态外界环境之中，外界环境必然对创新系统内部诸要素施加影响，迫使技术创新系统不得不持续与外界环境不断地进行交流，促使其处于远离平衡的状态。此外，创新系统内部各主体能动性的不断发挥，也意味着各主体将不断地打破已形成的平衡状态而使之处于远离平衡的状态。

●区域创新系统的开放性特征

从系统理论的角度来看，只有开放系统才能与外界进行物质能量的交换，才有可能从外界流入足够大的负熵流，才能降低系统自身的熵值，保证系统的有序性，增强系统的整体功能。区域创新系统和其他系统一样是一个开放系统，与外界环境之间存在输入、输出关系，存在着一个不断发展和进化地演变过程。

区域创新系统的边界是开放的，其开放程度是决定区域创新系统能否与外界环境进行顺畅交流的关键。在创新系统内存在着人才、信息、资本的输入和技术产品的输出，没有这些流动，就不会有技术创新的成功。创新系统中存在着子系统之间和子系统内部各单元之间的正反馈的倍增效应，也存在着限制技术创新发生的饱和效应。这些作用具体表现为：创新主体内部资金、技术、人才之间的相互制约作用；创新过程中产学研之间的协调作用；创新系统与经济环境、政策环境、资源环境的关联和互动等。由于创新系统的动态性、开放性，使系统是远离平衡状态的，这种非平衡主要表现在：技术创新思想的对称破残和非均匀化，从而不断有新的技术思想的形成，不断进行着技术创新思想的交流；人员分工和分配的非均匀化，形成人才的流动、人才创新素质的不断提高；投资环境的非均匀化和行业多元化，导致技术创新效率的非均衡变动。

区域创新系统的开放性特征表明，每一个区域可以根据区域技术创新战略的需要和具体目标来调动内部和吸收外界的创新资源，从而完善组织内部的创新结构，同时还可以改造外部环境，创造出更加适合的生存条件（如图3-1）。

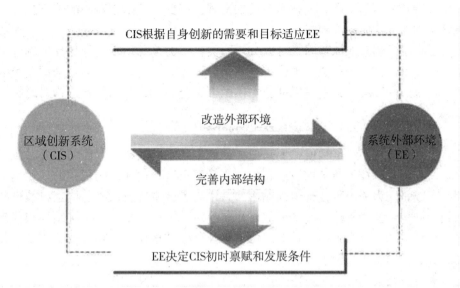

图 3-1 区域创新系统与外部环境的关系

因而，完善的区域创新系统，应该是区域内在资源和外界环境两者的有机结合。为此，我们可以引入区域技术创新空间的概念，与区域内部的技术创新系统相联系。区域可以有效地组织和调用的外部创新资源的集合称为区域技术创新空间，它揭示了区域内部技术创新系统、外部创新资源的联系。对于多数区域来说，要完成高水平的技术创新，单靠自身的能力和要素是难以实现的，它们必须善于组织和借助区域创新系统之外的创新资源，以弥补区域本身创新能力的不足。正是由于区域技术创新系统的开放性和动态性，使得它能够不断地与外界进行信息、物质、能量的交流，推动区域技术创新能力不断地向更高水平发展。

●区域创新系统的涨落特征

涨落是对既定的宏观状态的偏离。系统从无序向有序转化是通过随机涨落实现的。在远离平衡态的非线性区，由于系统的失稳，通过涨落的驱动，使系统打破旧的结构，进入新的结构。新结构本质上是一种涨落的放大，这种被放大的涨落通过与外界变换能力而稳定下来。因此，涨落是促使系统从不稳定的状态跃迁到一个新的稳定有序状态的积极因素，是形成新的稳定有序的杠杆。

区域创新系统所包括的从设想的产生、研究、开放、商业化生产到市场应用形成产业的创新链的几个过程都存在着涨落的现象。这些涨落引起技术创新的产生、发展及扩散，通过非线性机制作用，使原有的技术系统发生进化，产生出具有新的更高有序态的技术系统的形式。因此，技术创新中的涨落成为区域技术创新系统的动力因素。

导致技术创新的涨落因素可以分为两类：一类来源于企业外部环境的外源动力，如科学进步、社会需求、市场竞争、人才、投资等；另一类来源于企业内部要求的内源动力，它包括创新主体的创新意识、企业和创新机构对经济利润最大化的追求等。

●区域创新系统的全息特征

全息性是从系统结构模式上来把握区域创新系统的特征。区域创新系统结构模式与国家科技创新结构模式相似，它是国家科技创新结构模式的成比例的缩小，或是作为一个科技整体的缩影。它说明了区域创新系统与国家科技创新系统的同构性。"全息"只是相似，并非绝对等同。所以，从系统结构模式来看，区域创新系统在结构模式上与国家科技创新结构模式是相似的，体现了创新部分与全局整体的全息辩证关系。

●区域创新系统的中观特征

这是从系统层次关系上来把握区域创新系统的特征。区域创新系统对上而言是一个局部，对下则是一个全局。它的创新决策从属于国家宏观创新职能与政策的控制，对其下属众多的部门与企业具有因地制宜的全局导向作用。所以，在构成一个国家的创新纵向链条中，它是承上启下的中间媒介和中端调控系统，发挥居间的中间联系与协调作用。我们不能笼统地强调区域创新系统的宏观调控，就中观而言，它既有对国家的局部服从性，又有区域的相对独立性。它一方面必须按照国家科技创新的目标、政策、方法、法规等信息来调整区域科技创新系统；另一方面又要输入区内外的各类科技创新信息以激活区域创新系统。如果与国家的宏观调控相混淆，就很难发挥区域的个性特色，就会加重"一刀切"、重复建设、产业结构趋同的弊病。这不仅会影响区域优势经济功能的发挥，更会间接影响整个国民经济持续平稳的健康发展。

二、区域创新系统的结构与功能

许多国外学者对区域创新系统的基本类型进行了研究。区域创新系统基于管理结构可以分为基层式、网络式和统制式三类；基于商业创新又可以分为地方式、交互式和全球式三类（Cooke，1998）。Carlsson（1995）指出创新系统是技术政策的设计，Nelson & Roserberg（1993）则认为系统不是通过有目的的设计形成的，是在解决其组分之间的矛盾过程中形成的。当然，后者的认识过于简单。Ediquist（1997）认为系统的矛盾是不能被设计，那么也就不会有过多的讨论空间。Carlsson 等 (2002) 则认为,创新系统结构类型的描述维度有两种:一种是地理或物理尺度。有些创新系统是按地理界线来划分,有的是按技术来划分的;另一种是以时间为尺度,考虑基于技术活动的系统演化。这一研究角度的提出标志着区域创新系统的技术特性越发明显,区域创新系统中技术系统 (technological systems) 决定着不同区域创新系统的性质与发展前景,也决定了理论研究对象的选取。

国内也做了一些相关研究。有研究 (胡志坚等,1999) 认为,区域创新系统的构成要素包括主体要素 (企业、大学、科研机构、中介服务机构和地方政府)、功能要素 (制度创新、技术创新、管理创新和服务创新) 和环境要素 (体制、机构、政府或法制调控、基础设施建设和保障条件)。王稼琼等 (1999) 认为,区域创新系统功能从抽象来说是有协调、催化、化险、解惑等功能,主要涉及客体,包括企业、大学、科研院所、孵化器及其他中介机构;创新基础设施包括信息网络、图书馆、数据库、公共基础设施等基本条件;创新资源指资金、人才、信息、知识和专利等;创新环境是政策与法规、管理体制、市场与服务的统称。刘曙光 (2001) 提出,区域创新系统可以整合区域创新要素,激活中小企业,发展高新技术产业,促进科技成果转化,加快传统产业改造和推进制度与机制创新。

区域通过技术创新发展经济关键是选择适合自身条件的技术系统和要素配置模式,或者称之为技术创新形式。在理论研究领域,这关系到进一步讨论区域创新系统边界及技术创新效率的评价问题。

三、区域创新系统资源要素配置效率评价

从 Arrow (1962) 的启发性文章开始,经济学家们已经认识到市场在 R&D 资源分配利用上存在多个市场失灵现象。Dasgupta & Stigtitz (1980) 在实证分析中指出市场决定的 R&D 资源分配有如下一些缺点:(1) 与社会资源效率最大化相比,私人企业承担的 R&D 太少,更重要的是,每个企业 R&D 支出的上限水平不受市场规模限制,这表明市场在 R&D 资源分配上是基本无效的;(2) 太多的企业进入 R&D 内部竞争,导致 R&D 努力减少不必要的重复 (Mankiw & Whinston,1986);(3) 如果社会需求弹性足够低,则总 R&D 支出就会超出社会效用最大化所需;(4) 虽然在他们的模型中 R&D 企业支出水平和进入任一假定行业的企业数量是内生而且同时决定的,然而在假定不同行业间的横截面研究中,每个企业的 R&D 的支出强度会更低,市场竞争会更强。Katsoulacos Y. & Ulph D. (1995) 分析提出了在产品有差异和产品专业研究路径情况下的

非锦标赛 R&D 竞争模型，推广了 Dasgupta & Stiglitz（1980a）的产品多个研究结论，并分析指出在产品替代性与 R&D 效力相关较小时，总体上市场决定的 R&D 支出会少于实现社会效益最大化所需，但两者之间的分歧在巨大的市场中会很小。由此可知，只单纯凭借市场对 R&D 资源的合理配置是不够的。

　　Hansen K. F. & Weiss M. A. & Kwak S.（1999）采用系统动力学模型，从纵向过程对企业的 R&D 资源分配进行了动态管理和动态优化，即对 R&D 活动的三个不同阶段——基础研究、应用研究和模拟试验发展进行动态的管理和资源优化，并洞察了改变对各阶段的资源分配的内在影响及其变动的主要动因：内在因素驱动还是外在因素驱动。Gerchak Y.（1998）研究了项目间和项目内的 R&D 经费预算分配问题，指出目标对 R&D 资源分配优化有重要的影响，尤其是目标的改变对优化分配影响巨大。Barry J.（1992）检验了 R&D 投资单凭经验分配方法的经济最优性，考虑了市场激励和完全竞争企业的情况，结果表明竞争企业最优化地将总收入中的一个固定比例投入 R&D 上，并且产生它的单凭经验分配方法的条件比市场激励的更加普遍。Winkofsky 等（1981）提出了一个针对分散 R&D 资源配置并混合了分散 R&D 资源分配进程中许多描述特征的决策进程模型，该模型有在包括多个 R&D 项目的分散资源分配进程中适应调和试验法的模拟能力，这使其成为企业或政府在分配政策分析中的重要工具。在资源配置方法上，Hegazy（1999）在改进发展程序（Heuristic Procedures）技术的同时，引入遗传算法技术，在上述两方面同时考虑的基础上寻求资源配置最优和水准测量优化的次最优解。该设计方法的一个主要优点在于通过软件系统的辅助使其简单易行。

　　一些学者针对区域或行业等宏观层面的 R&D 资源配置进行了研究。WeiShouhua 等（2007）利用空间积聚、变差系数、基尼系数等定量方法，对中国不同区域间 R&D 总经费、政府 R&D 经费和企业 R&D 经费等三个方面作了比较分析，认为从 1998 年至 2004 年几年时间里，中国 R&D 经费空间集聚的趋势并未改变，政府 R&D 经费集聚效应比企业 R&D 经费集聚效应更加显著。吴玉鸣（2006）运用空间计量经济学的空间常系数空间滞后模型、空间误差模型、变系数回归模型，对中国省域空间研发与区域创新的计量分析结果发现，中国 31 个省域创新能力的贡献主要由企业加大 R&D 投入实现，大学 R&D 对区域创新能力没有明显的贡献，大学科技研发与企业研发的结合没有对区域创新表现出显著的作用。吴林海等（2006）研究了我国 R&D 经费的在三大研发主体——科研机构、高等院校和企业，三大研发活动——基础研究、应用研究和实验研究，以及在上述三大科研主体内部间进行合理配置，通过与美国、日本等发达国家比较发现，我国 R&D 经费配置效率较低，提出了完善产业投资相关政策建议。高燕（2006）、陈瑶瑶等（2005）分别就江西省与浙江省 R&D 资源配置特征进行了研究，并给出一些配套政策措施。以上这些研究仅就根据数据统计分析，得出若干建议，但并未在 R&D 资源配置对区域创新系统建设的影响以及具体的资源配置措施方面得出有效的结论。

古典经济学认为资源配置方式有两种极端的形式：市场机制下的价格配置方式与计划机制下的指令配置企业方式。两类市场资源配置方式的典型例子是市场与企业。在市场内部用价格价格变化指导生产，通过市场上的一系列交易活动来实现内部资源的有效配置。在企业内部，这些市场交易被取消，进行这些交易的复杂的市场结构被企业主导者取代，后者指导企业的生产，通过价格指令配置资源。

在交易成本经济学的框架下，经济活动通常区分两类成本——生产成本及进行必需交易的成本，这两类成本一般被认为是不同的和相分离的。即一个企业发生的总成本一般被表示为生产成本（它们包含管理交易的成本，下文简称管理成本）和交易成本（它们只依赖于交易的组织方式）之和。在一般情况下，这两种成本必须被同时考虑，有效率的组织目标并不仅仅是追求最小化交易成本。

从管理成本和交易成本的角度而言，价格和指令这两种资源配置方式各有利弊。对于价格机制来说，一方面，信息的收集与传递在经济主体间横向进行，最重要的是，所有与生产者和消费者有关的信息都归结到了一个市场的信息载体——价格身上。由于信息横向传递速度缓慢，企业之间交易成本很高。但另一方面，在合理的价格系统下，每个经济单位只需考虑自身的利益就已足够了，几乎不存在个别利益与社会利益的矛盾问题，达到了"激励相容"。换言之，由于各个经济主体产权明晰，因而互相之间的管理（监督）成本较小。

对于计划机制而言，信息传递的方式是通过企业主下达指令，进而对资源进行配置。经济主体间信息传递速度快，交易成本很小。但由于经济主体间信息的不对称，企业主无法获得其他经济主体的信息，使得通过指令对资源进行配置的方式无法规避企业主管理（监督）成本高昂的代价。

市场和企业都存在交易成本和管理成本。以 MC 代表企业内管理交易成本，即管理成本。TC 代表市场交易成本。以 E 代表企业内部非专业化生产成本，F 代表市场专业化生产成本，$FC = MC + E$ 为企业内部非专业化边际生产成本与边际管理交易成本之和，随企业规模扩张而呈先降后升趋势，$MD = TC + F$ 为市场专业化边际生产成本与市场边际交易成本之和，MR 为边际收益，$MC = MD = MR$ 是为企业均衡点，这一均衡点即是企业与市场规模界区同进也是最佳产量点（如图 3-2）。

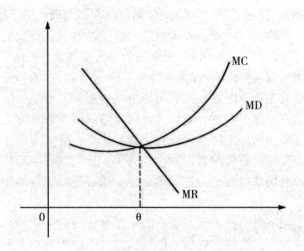

图 3 - 2　企业交易成本与管理成本曲线

　　受国家计划经济体制的影响，长期以来我国主要以国家制订的指令性计划进行科技资源配置。政府主导的行政配置方式虽然能够实现科技资源的社会共享，但是由于计划方式存在的固有缺陷：以国家意志为计划目标、缺乏市场需求导向，尽管在短期内会提高社会资源配置效率，但从长期来看会导致科技资源的低效配置、造成社会资源的低效浪费，从而这种政府的计划配置方式对于社会系统而言不是最优的。目前，我国正在进行的科技投入体制改革的重点就是要建立科技资源的市场化配置模式。这种市场化配置模式应当包括：研发机构运作的市场化、科技经费来源的市场化、科研过程的市场化组织和促进科技成果市场化转化机制等四方面。虽然市场是效率最高的资源配置方式，但是由于我国技术市场是不完善的——存在信息不对称等问题，其后果将导致市场交易的不确定性提高，交易成本增加，交易效率下降，交易双方获取信息的需要不能有效传递。而我国技术市场的这种固有缺陷是无法靠其自身的经济功能去弥补和矫正的，因此各级政府的宏观指导行为就成为弥补市场结构不完善的关键要素。同时，由于我国由计划经济向市场经济转轨的特殊国情，受原有计划经济体制强大政策惯性的影响，政府仍将在科技资源配置中起主导作用，科技计划仍是目前我国科技资源配置的主要途径。这种政府的主导作用应包括以下几方面：科技与投资双重管理与审批分离制度方面的科技管理制度的改革，从宏观政策层面上强化科技资源管理，促进科技资源向着科技与经济发展效率高的地方流动；按科技资源自然演化特征及其发展规律，重组科技资源，使其发挥规模经济效益；加快适应当地经济发展的科技资源市场的建设，促进科技资源的有效流动；调整科技资源投入结构，强化国家财政支持，引导社会资金，扩大科研资金投入渠道。

对于推动科技资源配置方式的研究，国内学术界基本上形成了要以市场配置为主、政府配置为辅的观点；同时，在我国，政府仍将在很大程度上对市场起主导作用。国内关于政府主导国家全局作用的单一方面的专题研究较多（如科技财政投入、科技体制改革等），而从整体上对其进行系统研究的较少。政府主导作用的发挥涉及科技要素资源配置的诸多方面，且各个方面是相互联系、相互影响的，任何一方面存在问题都会影响科技资源配置的整体效果。因此，对政府未来时期在科技资源配置过程中的主导作用进行系统实证调查研究，将是对现有研究的有益补充。

对事物的研究，除定性的描述外，定量的研究是不可缺少的。于是很多学者开始采用不同的评价方法对区域创新系统创新能力进行评价研究，其中对于创新要素配置效率定量评价方法的研究是近几年创新资源配置问题研究的核心问题之一，很多学者都在尝试用各种分析与评价方法对科技资源配置的效率进行定量分析，对其中主要内容回顾总结如下：

首先，在评价对象——创新要素的定义及选取方面，周寄中（1999）在对资源配置理论研究的基础上，提出科技资源配置是指各种科技资源在不同时空上的再分配和合理使用，并对"资源配置"进行了详细的划分。其中，科技资源要素的宏观配置指全社会的各项基本科技资源在不同科技活动主体、不同科技活动过程、学科领域、地区和部门之间有效的分配，目标是使科技资源在全社会范围内进行科学配置，促进科技、经济和社会协调发展；微观的科技资源配置则是指具体的某一科技活动主体如何在其内部匹配各种科技资源，以便高效率地产出相应科技成果，其目标是提高科技活动各主体生产活动的产出水平。刘海峰（1999）运用相关数据比较我国与世界各国的科技资源配置情况，分析我国科技资源配置过程中存在的配置效率、规模、结构、体制和机制方面的问题。其次，在具体研究方法方面，国家战略发展研究小组（2002，2003）的《中国区域创新能力报告》基于小组大量采集数据的基础，运用层次分析法对我国各省、自治区、直辖市的创新能力作出了较为全面、系统的分析。综上可见，目前国内外在创新要素配置评价方面的研究已取得了不少的成果。

四、区域创新的系统演化

区域创新系统具有复杂系统的一切特性，是一个不断演化的事物，其每个发展阶段的特性与创新要素的配置模式是相辅相成的。目前，已有研究在对该

系统演化研究方面主要是从以下三个角度出发:

(1) 基于投入产出的研究角度

这个角度的研究主要包括两种观点:(a) 静态的投入产出方法。这个方法主要研究在某一时间内系统内某企业或某行业投入要素和产出之间的关系,对于系统组分的描述比较清晰。但是在系统演化发展速度加快的今天,这种静态的研究方法略显不足。(b) Dahmén (1950) 提出的动态发展观 (development blocs)。此观点所强调的系统的投入产出结构变化并不是发生在时间尺度上的,而是由系统的某些本质特点的变化引起的。Dahmén (1950) 认为每一种创新都会给系统带来新的发展机会,但是这些机会必须在系统原有投入产出模式发生相应调整之后才能被实现。也就是说,创新给系统的动态发展造成了"结构压力"(structural tension),如果系统内部的结构变化合理,那么压力变成良性动力,反之则成了阻力。此观点考虑到了不稳定因素对于平衡的作用,但重点对象主要落在企业上。

(2) 超越投入产出系统的研究角度

这个角度的研究主要包括四种观点:(a) 源自国家创新系统 (National Innovation System) 的研究 (Freeman, 1988; Lundvall, 1988, 1992; Nelson, 1988, 1993)。这种观点超越了以往局限于投入产出系统的研究,认为系统的有效运行还包括一些在科学和技术领域的非盈利性组织和技术政策的影响,系统的创新效率主要来自这些组织间的有效协作。因为研究的系统过于庞大,很多学者随后将研究角度放在中观的区域创新系统 (Regional Innovation System) 上。同样,源自 NIS 的 RIS 的理论仍旧强调要素聚合作用,研究方法是静态的或是相对静态的。在国内,柳卸林 (2000)、张景安 (2003) 等从国家创新系统的构建角度,提出了从技术创新系统到知识创新系统建设的转变观点。傅家骥等认为构建创新型国家的科技系统应该从科学系统、技术系统、科技传播系统与科技应用系统等角度进行构建。(b) Poter 的钻石模型。Poter 的研究主要停留在产业或集群层面,其分析也是从 NIS 的角度出发,研究上是相对静态的。(c) 产业创新系统分析方法 ((Breschi & Malerba, 1997; Malerba &Orsenigo, 1990, 1993, 1995)。它强调企业之间的相互作用主要发生在一个产业或一个部门内的某个技术领域,这些领域由该产业中的企业之间技术知识联盟特性所决定,这样的领域自然会随着产业技术变迁而发生变化,因此产业技术创新系统是动态的。(d) 地方产业创新系统的案例分析。这个研究角度主要是由 Anna Lee Saxenian (1994) 提出,是基于对美国硅谷和 128 号公路的案例分析提出的,因此具有很强的地理性,不具有一般性。

（3）技术系统观点

这个概念与"development blocs"（Dahmén，1950，1989）很相似，两者都是分散及动态的。此观点每个国家都有不同的主导技术系统，他们随着系统成员数目的增加，以及相互之间的制度关系的形成而形成。在创新系统中，"技术系统"（technological systems）是一个具有重要地位的系统关系，每一个创新系统都有不同特点的技术系统。技术系统结构被定义为一个各系统成员聚集在一个特定的技术领域内，以一定组织制度结构相互作用而形成技术网络，同时也形成网络内的技术更新、溢出以及推广使用（Carlsson & Stankiewicz，1995）。

第四章 典型区域创新系统的发展与阶段识别研究

20 世纪 70 年代中期，在纳尔逊等人对日本的国家创新系统进行研究之后，科技政策专家和创新学家通过考察国家技术系统的发展历史，开始意识到一国或地区的创新阶段对创新活动有着巨大的影响和限制。事实上，从众多区域创新系统发展的道路来看，不同的国家或地区因为科技资源等因素的影响，它们的变化速度各不相同，但是这些国家或地区的发展阶段在总体上是有一定的共性的。笔者认为，归纳区域创新系统变化发展特征，在此基础上综合比较不同阶段的各类创新系统的演变特点，研究不同的创新阶段，教育、文化、科技资金和政府对创新系统所起的作用，对深化区域创新系统发展研究具有重要的借鉴意义。

一、典型国家的区域创新系统变化历程

当今，一些发达国家和地区已经成为世界先进技术的领导者，它们中以美国的科技实力最强。但在某些技术领域，其他国家或地区的区域创新系统已成为美国强有力的竞争者，而且在部分产业领域已经成为世界技术的领头羊，如印度的软件产业、中国台湾地区的计算机产业、韩国的汽车产业。但考察这些国家或地区的技术进步历程，可以发现它们都是从后进变成先进，在不断地学习和创造中缩短与世界先进技术的差距，然后才有今天的技术领导地位。本章重点分析几个典型区域创新系统的变化过程，部分国家创新系统在地域面积和资源禀赋等方面与我国省份区域创新系统有一定的可比性，但同时在文化、经济发展水平等方面有很多的差异。就区域创新系统的发展阶段而言，可以发现这些区域创新系统具有一定的共性。

(一) 芬兰区域创新系统的发展历程

根据世界经济论坛每年的《全球竞争力报告》排名，芬兰在 2001—2006 年的六年间，除了 2002 年和 2006 年落后于美国位居第二之外，其余四年均名列榜首，被认为是全球最具竞争力的国家。造就芬兰强大国家竞争力的既有经济

因素，也有非经济因素。从经济技术方面看，信息通讯技术产业的高度发达为芬兰经济的崛起作出了巨大贡献。研究表明，芬兰是一个非常重视创新的国家，拥有一个成熟完善的区域创新系统，芬兰的政策制定者根据区域创新系统的不同发展阶段相继作出的引导政策，成为芬兰区域创新系统高速发展的持续动力。

　　芬兰从一个第二次世界大战前的农业国家，通过坚定不移地实施"依靠科技和教育推动经济从资源依赖型向创新依赖型转变"的发展战略，创造了富有成效和特色的国家创新系统，成功地实现了经济和社会向创新型国家的全面转型。芬兰创新型国家的变化历程可用图4－1描述：

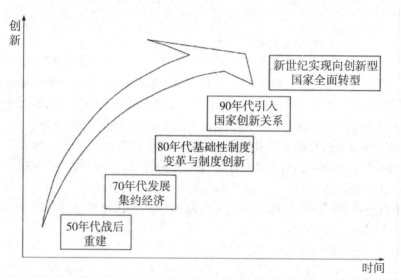

图4－1　芬兰区域创新系统的变化历程

　　第二次世界大战前，芬兰基本上是一个农业国家，在战后的恢复重建中，芬兰主要依赖森林资源及其相关产品的出口而获得经济发展。20世纪50年代开始，芬兰积极调整其经济和社会结构，通过加大基础工业投资、扩大出口等措施，推动了木材加工、造纸和纸浆、造纸机械、冶金和金属制造等工业的快速发展，从而形成了以森林资源为依赖、以森林相关产品的生产和出口为主要支撑的国民经济结构，并由此实现了经济的快速增长。

　　芬兰属于能源短缺型经济，其能源的80%要依赖进口，经济增长也主要依赖于木材及相关工业品的出口。20世纪70年代，芬兰国内面临通货膨胀和工资上涨过快的严重压力，加上1973年和1979年的两次世界性石油危机，芬兰依靠劳动力、资本和原材料投入的粗放型经济增长模式达到了极限，在出口方面的优势也面临极大挑战，向集约型经济转变开始成为政府和社会的一致认识。

20 世纪 80 年代，芬兰面临的最重要挑战是保持低生产成本和高产品质量在国际市场上的竞争力。政府和经济学家们都认为，保持国家现代化进程和稳定性增长的一致性对于芬兰的未来发展是最重要的。为此芬兰采取了一系列的措施，推动基础性制度变革和组织创新。其中比较重要的政策措施有：

（1）加大对教育和 R&D 的投入

从 20 世纪 60 年代开始，芬兰对教育的投入一直比较重视，但对 R&D 的投入不算太高。从 80 年代开始，芬兰开始重视对 R&D 的投入，其 R&D 经费占GDP 的比重从 1981 年的 1.17%，增加到 1985 年的 1.55%，到 1991 年突破了 2%。

（2）建立扶持新产业的制度框架

芬兰在 20 世纪 80 年代着手开发电信产业，先后制定和修订了电信法、数据法、商务电子通信法、电子签名法和信息社会保护法等一系列法律法规，并完全开放了电信市场。特别是 80 年代初，政府对诺基亚的政府采购对于诺基亚以后的发展起到了关键性作用，被认为是诺基亚发展史上的里程碑。

（3）对国家的科技和教育管理体系进行组织创新

1983 年，为了加强对企业技术发展的支持和管理，在贸工部下成立了国家技术局（TEKES）。1987 年，为了加强对科学研究和技术工作的统一领导，在前国家科学政策理事会基础上成立了由总理任主席、成员包括各部部长以及各行业代表的科学技术政策理事会。1982 年，芬兰斯堪的纳维亚地区建立了第一个以大学为中心的科学园，在以后的 10 年中大学园发展到 9 个，几乎覆盖芬兰10 万人以上的所有城市。可以说，正是这些组织方面的重要创新为芬兰在 20世纪 80 年代及以后的跨越式发展打下了坚实的基础。

（4）立足本国技术发展需要有选择地引进国外先进技术，同时积极推动出口以及企业的国际化

由于芬兰经济规模和资源条件的限制，发展外向型经济一直是其基本策略。为此，引进国外先进技术以提高本国工业技术水平、帮助企业向国外市场谋发展，一直是芬兰经济工作的重心之一。据有关研究，芬兰的技术引进有多种方式，这些方式在不同时期重要性各有不同，但吸引国外直接投资，与国外企业建立合资企业以及进行"交钥匙"式的设备引进方式从来没有占据重要位置。这说明，在引进问题上，芬兰从一开始就采取了一种立足发展本国技术力量的立场，而避免那种盲目引进、不问消化吸收的做法。在推动企业出口方面，芬兰采取了多种扶持措施，比如建立了为出口企业提供担保和配套服务的有关机构，使之对出口企业的支持涵盖了贷款支持、信用担保、风险担保，补贴和中

介服务等所有相关方面。

1990 年，芬兰在其审议国家技术政策报告中引入了国家创新系统的概念，成为世界上第一个接受国家创新系统概念的国家。此后，国家创新系统的概念成为其制定各项创新政策的基本框架。在国家科技创新系统的框架中，知识的生产、扩散和应用之间的联结以及各个社会子系统之间的互动被赋予了重要意义。在这一基本思想指导下，芬兰从 20 世纪 90 年代开始，除了继续保持对 R&D 投入的持续增长外，还采取了一些重大举措，以促使整个国家创新系统协调、高效地发展，具体包括：

（1）发展高等技术教育

1991 年，芬兰开始在中等职业教育基础上发展高等职业技术教育体系——技术学院（polytechnics）。与注重学术研究导向的大学不同，技术学院主要是职业导向的，以培养具有高级职业技能的人才为主要目标。到 2004 年，芬兰的技术学院已达到 29 所，就读学位的学生数达到 3 万人，约为大学的 1.5 倍；在校生达到 13 万之多，另外还有 1 万多人在就读非学位的开放课程。目前，技术学院已成为芬兰高等教育的重要组成部分，为芬兰企业输送了大量高级技术人才。

（2）加强国家知识基础、技术平台网络和创新支持体系的建设，为创新奠定优越的环境

在芬兰，发达的教育和培训体系以及高水平的科研被认为是创新型国家的基本前提。为了建设强大的国家知识基础，1995 年，芬兰启动了建设世界水平的"卓越研究中心"计划，以六年为期对大学和研究机构中的优秀研究中心或新建研究中心进行特别资助。芬兰还针对不同创新活动和创新阶段的特点，先后设立或完善了一系列分工协作、互相衔接的公共科研资助机构，从而形成了一条完整的科研创新资金支持链。目前，芬兰拥有资金来源丰富、资助渠道和资助方式多样、公共风险资本和私人风险资本互补的全方位、立体化的创新支持系统，其对创新活动的支持覆盖了从理论基础研究到关键技术开发、技术成果商品化和产业化，直到国际化运作的全过程。

（3）以地区为基础，推进产业集群和区域创新系统的形成

为了促进和帮助各地发展，以及加强彼此之间的协同，芬兰从 1994 年开始实施地区发展行动计划。作为实施该计划的重要组成部分，芬兰建立了 15 个地区经济发展与就业中心（T&E centres），以此为地方的中小企业提供资金支持和专家建议。此外，还有产业集群计划，专业化中心计划（COE 计划）等都先后付诸实施。这些计划以及广布各地的科学园和孵化器使得各个富有地方特色和优势的区域创新系统逐渐发展起来，成为整个国家创新系统的有机组成部分。

(4) 以技术计划、科学园等为媒介，促进产学研结合

20世纪90年代以来，芬兰的产学研合作研究得到加强，其发展态势被认为是世界各国中最好的。这一转变的主要原因在于公共政策对研究和科学目的的认识发生了变化，在国家创新系统的概念下，研究的应用价值和经济效益被重视。所以，尽可能地鼓励并帮助产学研合作成为芬兰的一个重要策略。例如，在 TEKES 所资助的技术计划中，产学研合作受到特别鼓励；在多数大学附近，科学园、孵化器帮助了一些中小企业和处于起步阶段的企业的成长。其结果是，大学和公共研究机构来自外部的经费在20世纪90年代后半期有了显著增加。

通过一系列措施，芬兰在20世纪90年代逐渐建立起了富有特色和效率的国家创新系统。在这一体系中，各个组成部分之间的网络化以及合作、协同被赋予了重要意义，政府—产业—学术部门之间逐渐形成了互相促进、互相支持的三螺旋关系，而这种关系的形成无疑为芬兰未来进一步的发展提供了保证。芬兰国家创新系统是一个充满活力的网络系统，是推动芬兰经济成功的源泉和动力。

世纪之交，芬兰提出了更高的发展目标和相应战略。2000年，科技政策理事会在每三年发布一次的科学政策报告中提出，芬兰要"迎接知识和技能的挑战"。2003年，又提出要加强芬兰的"知识、创新和国际化"。2005年，芬兰在政策计划中提出要全面推进信息社会的建设。看来，完善国家创新系统、建设一个创新型的知识经济社会将是芬兰的长远战略。为此，发展世界水平的高质量教育和科研以构建强大的国家知识基础，深化政府职能和科研机构的改革，提高国家创新系统的动力、效能和灵活性，积极推进企业创新和国际化，以及吸引国外投资和国外专家，成为芬兰的发展策略。近年来，芬兰出台了一系列有关信息社会建设的科学计划、技术计划和政策计划，并确定了信息通信、生物技术、纳米技术和材料技术等作为重点技术发展领域而给予优先支持。芬兰转型为创新型国家的主要标志是形成了以高科技电子信息、森林、金属机械制造三大产业为支柱的国民经济体系，整个国家的 R&D 投入不断增加，2001年后占 GDP 的比重保持在3.5%左右。整个经济的运行逐渐转移到依靠技术创新和高技术产品出口的轨道上来。

（二）韩国区域创新系统的发展历程

韩国无论是资源、市场和劳动力，还是地缘政治中的国家地位，都不具备较大的比较优势，但从20世纪60年代起该国经济连续保持了年平均9%的高速增长。韩国通过制订一系列促进科技创新的宏观政策，积极引导本国农业科技发展战略转型，在短短40年内实现了人均 GDP 从不足100美元向1万美元的跃

升，由一个经济非常落后的农业国成长为亚太地区重要的科技创新中心。韩国的科技创新战略体现了以国家意志为先导、以科技知识产权立法为保障、以高新技术企业创新为主体、以服务市场需求为导向、以产业应用为目的的鲜明特点，其科技创新模式对于我国资源禀赋较弱的省级区域创新系统建设具有非常重要的借鉴意义。

在过去几十年中，韩国始终坚持依靠科技创新带动本国经济发展和增长，初步建立了以企业为研发主体，国家承担基础、先导、公益研究和战略储备技术开发，大学从事基础研究，产学研结合并有健全法制保障的国家创新系统，成功走过了从复制模仿、创新模仿，到创新发展的创新型国家建设之路。韩国创新型国家的变化历程可用图4-2描述：

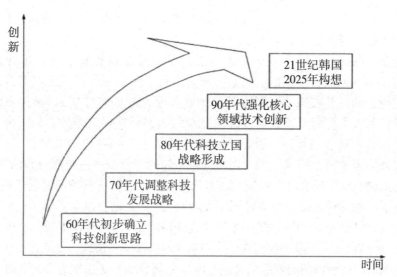

图4-2　韩国区域创新系统的变化历程

朝鲜战争后，韩国经济处于恢复期，经济发展缓慢，科技落后。在20世纪60年代初期，韩国同中国一样，还是一个"一穷二白"的农业国家，人均国内生产总值不到100美元。自从1962年实施第一个经济增长五年计划以来，韩国实现了经济高速增长。60年代中期韩国开始出口纺织品、服装、玩具、假发、胶合板以及其他劳动密集型成品。

20世纪60年代是韩国科学技术发展的起步阶段。在这一时期韩国科技政策的主要目标，是确立以科技振兴推动国家经济发展的总体思路，构建国家宏观科技管理框架，形成韩国的科学技术基础。1961年韩国开始推行"第一次经济开发五年计划"（1962—1966），在总体计划下专门编制"第一次技术振兴五年计划专案"。1967 年韩国颁布实施《国家科学技术促进法》，正式确立了以科技创新推动国家经济社会发展的基本思路。

这一时期，韩国为加强本国的科技创新能力，开始着手构建国家宏观科学技术管理体系。1966 年韩国成立了第一个综合产业研究机构——韩国科学技术研究院。1967 年韩国政府将原隶属于经济企划院中的技术局扩展为独立的"科学技术处"，在发展相对落后的国家中较早地建立起管理科学技术事务的政府机构。这是韩国科技发展过程中一项具有划时代意义的事件。

20 世纪 70 年代，韩国劳动密集型轻工产业遇到挑战，原有的粗放、单一产业结构不能适应工业现代化的战略需要，韩国政府提出了如下的产业政策调整方向：强化工业基础，提高工业资本的有机构成，改善工业技术结构，提高劳动生产率和出口竞争力。之后韩国的经济结构开始从以劳动密集型工业、轻工业为中心向以重化工业为中心的产业结构转变。

为此，韩国对科技发展战略进行了调整，并颁布实施了《技术开发促进法》等一系列鼓励科技创新的政策措施，出台了一系列促进人力资源开发的法律、法规，制订并实施了《科学技术中心长期人才培养计划》，通过不断加强高等教育和人力资源开发，提升韩国自身的国家科技创新能力。从重视技术引进到重视技术吸收与扩散，鼓励企业有选择地引进一些前沿关键技术、设备，大力发展本国的核心技术力量，提高国家整体的产业技术适应能力和创新能力。

为适应科技发展战略的调整，韩国开始大量设立政府管理的科研机构。1971 年成立了"韩国科学院"和"韩国开发院"。此后又先后建立了电子、船舶、资源、标准、机械等国立研究所。到 20 世纪 70 年代末，韩国设立的国立研究所多达 16 家。同时，为了进一步加强科技创新管理，韩国还在这一时期进一步强化完善了国家对科技创新的宏观组织管理。1972 年韩国成立了由国务总理担任议长的"国家综合科学技术审议会"，担负国家科学技术政策的最高协调角色。

20 世纪 80 年代，新科技革命在世界兴起，高技术产业迅速发展经过 70 年代的发展与积累，80 年代韩国的科学技术力量明显增强。同时，随着经济国际化程度的不断提高，韩国国内企业发展面临的国际技术竞争环境也越来越激烈。在此背景下，韩国政府、企业、科学家和全体国民在进一步推动科技创新方面取得一致共识，并对本国的科学技术法律框架及其相关法规制度再次进行调整，以应对当今日益激烈的国际科技竞争。

1982 年，韩国召开第一次"科学技术振兴扩大会议"。1984 年，韩国政府决定在此基础上成立"技术振兴审议会"，动员社会各界力量为科技振兴出谋划策，推动科技创新的持续发展，并制定有关制度，为科技发展提供支持。

1986 年，韩国编制完成了《面向 2000 年科学技术中长期计划》，确定韩国中长期科学技术发展的战略重点，正式提出以自主创新能力提高支撑本国科技发展的基本战略思路，逐渐将"贸易立国""重化工业立国"战略向"科技立国"战略转变，重点发展技术密集型和知识密集型高技术产业。"科技立国"战略的初步实施，使得韩国在 20 世纪 80 年代的科学技术，特别是高新技术发展迅速，改善了产业结构，促进了经济高速增长。

20 世纪 90 年代，西方发达国家的技术保护主义越来越严重，韩国经济面临的国际市场环境越来越严峻，同时韩国国内的产业结构也开始从劳动力密集型产业向技术密集型、知识密集型产业转变。为了支撑本国科学技术的发展，韩国开始以提升国家科学技术的国际竞争力为目标，加强对重点领域的技术创新投资，强化以需求为导向的技术开发，同时推动技术创新的全球化。

韩国通过建立适应高技术的经营管理体制，增加研发投资和提高产业的科技含量，使产业创造出更高的附加值，实现了经济增长模式的转变和经济机制的转型。科技计划的制定由以往的自下而上的途径，即由基层研究者监测本领域的技术进展，提出研究建议，然后采取同行评议的方法审查这些建议，采用自上而下和自下而上相结合的方式，由政府确定长远的国家发展目标，选择技术领域，并征求基层专家的意见，经过反复调整，制订科技计划。

这一时期，韩国不断改革完善科研体制，将科学技术处升为科技部，以加强国家对科技工作的宏观管理与协调，明确将"扩大科学技术投资，以促进尖端科学技术的产业化"作为韩国科技政策的主要目标。相继出台了《尖端技术发展计划》《国策研发事业》《大型科技研发事业》等新的科技发展计划，将《科学技术振兴法》修正为《科学技术革新特别法》，并制订了《科学技术革新五年计划》。所有这些措施都旨在加强韩国核心产业的国际竞争力，为促进国家未来高技术领域的发展奠定基础，把"科技立国"战略推向深入。

世纪之交，在经历了战后经济快速崛起和亚洲金融危机之后，韩国更加深切体会到科技在国家发展中的核心作用。进入 21 世纪之后，为了应对日益激烈的国际科技竞争格局，韩国对其科技创新体制和科技发展战略进行了大幅度的调整。韩国科技部 2000 年公布了长期科技发展规划，规划中提出的重点领域有：信息技术、材料科学、生命科学、机械电子学、能源与环境科学。采取"选择与集中战略"，重点培育未来将成为经济增长动力的生物技术、纳米技术、太空和平利用技术。提出 2005 年韩国科技竞争力排名要超过其他所有亚洲国家，2015 年韩国要成为亚太地区的主要研究中心，2025 年韩国的科技竞争力排名要达到世界第 7 位。明确提出了"第二次科技立国"的口号，并从国家科技发展战略、宏观科技管理体制、科技研发投资体制等方面进行一系列改革，强力推进韩国的科技振兴政策。

2004年，韩国根据《政府组织法》把科技部长提升为副总理级，使其成为位于财政经济副总理和教育副总理之后的第三位副总理，进一步强化了科技部作为科技主管部门的宏观决策和计划协调职能。此外，政府还从注重增加投资的数量战略转变为注重效率的投资分配计划，力求克服本国自然资源的限制，利用全球的技术、人力资源的信息，以及发展与国际社会的合作。

（三）日本区域创新系统的发展历程

日本作为一个曾经的东亚落后国家，在短短100多年间发展成为曾经世界第二（2010年中国超过日本）的经济科技强国。从20世纪80年代开始，日本已经逐渐意识到，综合国力的竞争已集中到技术创新领域，并以强调科技创新的成果转化以及高新技术产业化为竞争的关键。因此，日本政府连续不断地制定一系列鼓励企业创新的政策与对策，走出了一条有别于欧美国家的创新发展之路。

在第二次世界大战后的60年里，日本走过了从贸易立国到技术立国，再到科技创新立国的独特发展道路。从战后初期的"吸收型""模仿型"技术发展路径，到建成创新型国家，在每一个关键的转型时期，日本政府都分别制定了有步骤、分阶段的政策与对策，选择了适合本国国情的发展路径。日本创新型国家的变化历程可用图4-3描述：

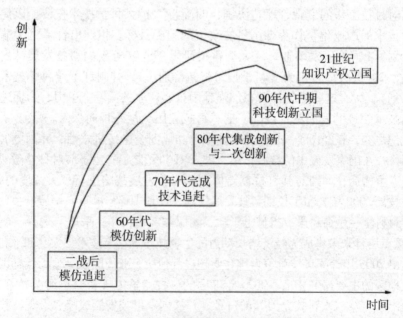

图4-3 日本区域创新系统的变化历程

　　第二次世界大战以后，日本推行了一系列旨在推进科技模仿追赶发达国家进程的特殊政策，包括政府制定科技计划完善全球技术监测系统；鼓励并帮助企业有目的地从欧美引进各种技术发明；指导企业在引进基础上进一步进行技术创新。在这种政策的指导与推动下，日本企业采取了市场紧跟战略，大量引进技术，并进行消化、吸收、模仿，推动了战后日本经济的快速发展。

　　战后初期，1949年12月日本科技厅发表的《技术白皮书》中估计，当时日本的工业技术水平比世界先进国家落后二三十年，有的学者认为落后三四十年。因此，日本为了急赶直追，绕过先进国家走过的弯路，用较快的速度和较低的代价赶上并超过欧美等发达国家，日本采取了"追赶型""倾斜式"的发展战略。政府根据经济建设不同时期的需要设立重点领域，引进世界最先进的机械设备和科学技术，如原子能发电设备，冷、热轧带钢机，大容量发电机等。最初扶植和发展资本密集型的重化工业，进入20世纪50年代后则主要集中于电力、钢铁、造船、合成纤维、石油化工和家用电器等重工业和化工部门。

　　这一时期，日本企业对引进的技术不是简单的模仿、吸收，而是在引进消化吸收的基础上结合日本的实际实行再创新。通过对引进技术和产品的分解、研制，求得个别改良，综合改造创新，创造出具有日本特点的新技术和新产品，并使新产品物美、价廉、耐用，从而在国际市场上的竞争中取得优势。

　　虽然第二次世界大战后的模仿追赶实现了技术水平的快速提升，但当时的日本认识到这种技术吸收型发展战略要真正发挥作用必须建立在国内技术创新活动的基础之上。于是，20世纪60年代初期本技术创新活动着重加强对引进技术的消化吸收模仿；60年代中期后转向知识密集型产业，如通讯设备、航天、汽车制造、电子机械等；60年代后期则重点引进技术专利、技术情报及基础性科研成果，然后对引进的新技术进行分析研究，扬长避短，进行再创新与开发。从1955—1970年的15年间，日本几乎掌握了半个世纪世界发明的全部技术，只用了不到60亿美元的代价，争取了20年左右的时间。

　　这种基于"逆向工程"的模仿创新，为日本追赶先进国家带来了"后发优势"。日本基于消化吸收的模仿创新模式是与当时日本政府战后长期推行"赶超先进国家"的战略相吻合的。此后，日本企业突出的模仿创新能力开始显现，并充分发挥出来。如二战后日本的汽车工业处于起步阶段，大大落后于美、德、英、法等国家，1961年日本东洋公司从西德引进注克型转子发动机技术，组织科技人员研究开发了6年，终于试制出浸含铝合金碳材料，克服了被称为"魔鬼爪痕"的发动机体内振痕，进而发明了非破坏检查法（N.D.I.法）。1968年生产出在质量和产量上都超过西德的汽车。以后又针对世界市场的需要生产出小型、物美、价廉、质量优良的汽车，从而在世界市场上占据了优势。

到 20 世纪 70 年代，日本的产业与技术结构都发生了质的变化。日本在钢铁、汽车、家电等工业部门的生产技术已处于世界的领先地位，这样的效益在世界上是罕见的。在技术贸易方面，技术出口合同的金额超过技术进口合同的金额；在工业结构上，从劳动密集、资源密集型产业过渡到资本密集和技术密集型产业；在技术水平上，43 个主要技术领域接近或达到世界先进水平，基本上完成了技术上的追赶过程。

20 世纪 80 年代，日本企业在技术创新能力上已初步具备自行研究开发的能力，逐渐从过去大量引进、消化、改进、模仿，到强调发展企业的自主创新能力，开始了从模仿创新向自主创新的变化，体现为集成创新和在引进消化基础上的二次创新。创新动力主要来自市场需求，来自企业之间激烈的竞争，从创新链的中端出发向前延伸，将国内外相关元器件和信息技术进行系统集成。

日本 20 世纪 80 年代以后进入以"科技立国"方针为指导、以自主创造性的研发为主的阶段。这一时期，日本以较快的速度和最低的代价赶上了欧美先进国家。到 90 年代初，钢铁、汽车、家用电器等工业部门的生产技术，日本已处于世界领先地位。1995 年 11 月日本国会一致通过了《科学技术基本法》，成为日本科学技术发展历史上的一个重要转折点。《科学技术基本法》明确提出日本将以"科技创新立国"作为基本国策。此后，日本确立了 21 世纪初将推进科技发展的三大方向：把日本建设成为具有世界一流科技水平，能够创造知识并灵活运用知识，对世界发展能够作出重大贡献的国家；具有强有力的国际竞争力并能够持续发展的国家；能够让人民过上幸福、安心和高质量生活的国家；明确了在研发的不同阶段研究基金制度的建立，以及产、学、官合作和知识产权保护问题。强调创建世界一流的高水平的研究生院，积极促进本国科研人员参与国际研发活动和国际研究项目；提出了"科技创新立国"的五大发展战略：人才战略、基础研究战略、科技创新战略、重点技术战略、国际化战略。

日本是世界上实施知识产权战略非常成功的国家之一，也是从知识产权战略中崛起的国家。2002 年 3 月，日本正式提出了"知识产权立国"战略，将知识产权作为国家或企业、产业竞争力的源泉，推进以独创性为主的"前瞻创新型"的研发模式，标志着日本继"科技立国"后又一次重大的战略转移。具体措施包括：（1）加强了知识产权创新管理体制及与知识产权相关的综合体制建设；（2）推进大学、科研机构、企业的创新能力建设，加强以知识产权为主轴的产、学、官合作；（3）改善研究人员的创新环境，重视奖励知识财产创造的研究开发，鼓励企业创造高质量的知识财产；（4）完善知识产权立法；（5）引导、鼓励企业重视知识产权战略的构建和运用，实现企业技术和知识产权的最大价值；（6）加强知识产权人才的培养力度。

二、区域创新系统发展阶段分析

根据地区区域创新系统的变化历程可以看出，区域创新系统的发展过程基本可以划分为三个阶段，并依据每一个阶段的主要特征，将它们称为起步阶段、成长阶段和成熟阶段。这三个阶段的主要特征是地区的技术创新方式：由使用引进技术起步，经改进引进技术，最后到自主创造技术的转变过程，即技术进步方式从依附于外部到完全自立的过程。

（1）区域创新系统的起步阶段

区域创新系统起步阶段是指企业技术创新以生产中引入别国或其他地区的先进生产技术为技术创新的基本方式。引进技术包括硬技术和软技术。硬技术包括成套设备、关键设备、材料、零部件；软技术包括专利、专有技术等。技术创新理论认为，对技术输出方来说，自己的技术被输入方使用属于技术转移和扩散；但对技术输入方来说，由于在生产中引入了新的生产要素、新的生产方法和引进技术生产出新产品，使用新技术仍然属于技术创新。处于区域创新系统起步阶段的地区，区域内的生产系统不是没有自主技术，自主研制能力就是研制水平较低，其技术水平提高的基本做法是引进先进技术，自行研制活动较少，且大部分集中在区域内优势产业或特殊行业。

（2）区域创新系统的成长阶段

区域创新系统成长阶段是指技术创新表现在大量吸收引进技术的同时，具有改进技术系统的能力。此时，引进技术仍然是提高技术水平的主要方式，但是，由于通过使用引进技术已掌握了区域外的技术和方法，能根据当地的市场需要和生产系统要求来改进生产技术，增强产品的性能和质量。具有自主改进技术能力说明企业生产系统已经具备工艺设计和产品设计能力，只是在工艺设计和产品设计水平上还低于区域外先进水平。改进技术体系是技术创新的直接结果，这种主动技术创新从总体上说属于渐进技术创新。当然，这种渐进创新与发达国家和地区的渐进创新有所不同。处于区域创新系统成长阶段的区域所具有的自我改进能力是在消化借鉴区域外先进技术的基础上形成的，是区域性技术学习转化的成果。

（3）区域创新系统的成熟阶段

区域创新系统成熟阶段是指区域创新系统拥有一流的产品和工艺设计能力，具有雄厚的创新技术系统，甚至还具备强大的创新科学系统。某一地区进入区域创新系统成熟阶段，该地区就逐步达到了技术自立。在区域创新系统成熟阶段，区域整体的技术创新能力表现在，技术系统通过技术研发能够源源不断地为生产系统提供新技术。处于成长阶段的区域企业其技术竞争能力和技术优势能否长期保持或进一步提高，主要取决于国家对区域创新系统的资源要素投入和配置得当与否。部分学者的研究结果表明，处于区域创新系统成熟阶段的国家和地区的 R&D/GNP 强度在 2% 左右。

三、典型地区的区域创新系统分析

（一）创新型产业集群：美国硅谷

1. 基本情况

硅谷，距旧金山市区 50 千米，位于其南端的狭长地带，核心地带南北长 48 千米，东南宽 16 千米，面积达 800 平方千米。硅谷的创立并非始于强大的政府号召，也没有"硅谷管委会"之类的官方管理机构，主要是由大学推动、以资本市场（包括社会组织）为基础，并由社会组织来协调其经济、社会、文化、环境等健康发展，已成为举世瞩目的世界信息技术和高新技术产业的中心，是美国经济增长最快最富裕的地区。目前，硅谷拥有电子工业公司达 10000 家以上，是美国微电子业的摇篮和创新基地，所产半导体集成电路和电子计算机约占全美的 1/3 和 1/6。谷歌、Facebook、惠普、英特尔、苹果、思科、特斯拉、甲骨文等公司都落户于此。

2. 产业与创新发展

硅谷是典型的以科技创新为动力，以产业集聚为基础的高端先进制造业的集聚区。经过互联网与移动互联时代的进一步发展，硅谷在全球确定了其世界创新中心、全球高新技术产业高地的"霸主"地位。在具体历程上，硅谷经历了萌芽期、晶体管时期、集成电路时期、个人电脑时期及移动互联时期等五个时期，每个时期均走在时代前列。

1891—1938 年，萌芽时期：大学和初创型企业的集聚，形成了硅谷的萌芽发展基础：1891 年斯坦福大学成立；1909 年联邦电报公司成立；1933 年海军基地 NAS 建立，同时围绕 NAS 出现了一批技术服务型公司；1937 年瓦里安公司成立。

1939—1958 年，晶体管时期：这 20 年间，先后出现了惠普公司、斯坦福研究所、斯坦福工业园区、肖克利晶体管公司、仙童半导体公司。晶体管技术不断得到发展，为集成电路的出现打下良好基础。

1959—1970 年，集成电路时期：1959 年平面集成电路问世；1965 年摩尔定律提出；1968 和 1969 年，原肖克利晶体管公司、后创建的仙童半导体公司的几位工程师分别创立了英特尔公司和 AMD 公司；1970 年施乐谷研发中心成立。

1971—1990 年，个人电脑时期：1971 年英特尔推出了第一个商用微处理器；1976 年苹果电脑公司成立；1977 年甲骨文公司成立；1983 年第一台便携式电脑问世；1984 年思科公司成立。

1990 年至今，互联网与移动互联时期：在近 30 年的时间里，从万维网应用、谷歌成立、Twitter 及 Facebook 成立，到 iPhone、iPad 问世，智能手机在全球普及，互联网和移动互联时代正式来临并不断发挥着重大影响力。当下，最前沿的人工智能、机器学习、无人驾驶等更是在硅谷遍地开花，众多巨头企业都在为实现下一次的技术性重大突破不懈努力。

3. 成功因素

技术创新与产业发展无缝衔接：在硅谷的科技型巨头企业，无一不将技术研发作为自身发展的核心竞争力。它们的每一次研发，都以实际的社会发展需要为基础，力争创新成果可以 100% 转化为产业化成果，实现技术即产业。各企业在相互竞争的同时，也在硅谷形成了集聚效应，共享着规模经济带来的附加效益。而事实上，这些以 IT 为中心的企业也确实通过竞争合作、集聚共享等方式实现了技术创新与市场应用的完美贴合，作出了巨大的社会贡献。

品牌的集聚效应：依托并借助斯坦福大学等知名大学、科研机构的扩散效应，将新理论、新技术、技术人才、风险资本、商业模式导入产业领域。世界 500 强公司中有 20 家以上的公司总部设在硅谷，品牌效应也吸引着大量中小创业企业入驻。

市场化运作的金融支持：硅谷成功运作的重要原因在于其资本运作机制的完全市场化。投资机构根据企业经营业绩进行投融资，依据市场规划把资深技术专家和优秀创业资本联系起来，将产业最优资本和最新技术等资源按照市场规律进行优化配置，在投资技术、投资阶段、投资区域上全面运用多种组合投资方式实现投资风险的市场化规避，依靠创业板、产权交易市场和企业兼并收购的市场化运作实现资本的退出。

（二）产城融合：苏州工业园区

1. 基本情况

苏州工业园区是中国和新加坡两国政府的重要合作项目，1994 年 2 月经国务院批准设立，同年 5 月实施启动，苏州工业园区位于苏州古城东侧，辖娄葑、斜塘、唯亭、胜浦街道及湖西、湖东、东沙湖月亮湾社工委。距离苏州平江古城约 12 千米，距上海市中心约 85 千米，行政区划面积 278 平方千米。2018 年实现地区生产总值 2570 亿元，同比增长 9.36%；R&D 投入占 GDP 比重达

3.48%；社会消费品零售总额 455 亿元，增长 12%；城镇居民人均可支配收入 7.1 万元，增长 7.57%。在全国经开区综合考评中连续三年（2016、2017 及 2018 年）位居第一，在全国百强产业园区排名第三，在全国高新区排名上升到第五，跻身世界一流高科技园区行列，并入选江苏改革开放 40 周年先进集体。

2. 园区产业与创新发展

在 20 世纪末期完成园区内的基础设施建设后，苏州工业园区即开始了产业发展的全盘布局，大致可以分为以下三个时间段：

2001—2005 年，起步阶段：2001 年，顺应改革开放的大潮流，苏州工业园区开始了大动迁、大开发、大建设、大招商、大发展阶段，全面开展招商引资活动，引进大企业、高新技术。2003 年实现再造一个新苏州——主要经济指标达到苏州市 1993 年的水平；2004 年一个初具规模的国际化、现代化的工业园区形成。2005 年，苏州工业园区开启了极具前瞻性的工作——启动制造业升级、服务业倍增和科技跨越计划，开始了面向高端产业发展的方向。

2006—2011 年，转型升级阶段：首先，开展为推进自主创新和现代物流等生产性服务业发展的扩建工作，进一步扩大园区规模。其次，在上一阶段"三大计划"的基础之上又新增生态优化、金鸡湖双百人才、金融翻番、纳米产业双倍增、文化繁荣、幸福社区等六个计划，总共形成产业发展的"九大行动计划"，形成产业转型升级的完整体系，并逐步向体系化的产业生态圈建设过渡。

2012 年至今，高质量发展阶段：2013 年确立深化推进改革创新的新征程；2014 年获国务院批复建立苏南国家自主创新示范区；2015 年获国务院批复开展开放创新综合试验，探索建立开放型经济新体制、构建创新驱动发展新模式；2016 年，顺应新一轮信息技术发展的浪潮，开启人工智能产业的战略性布局，未来将打造国内领先、国际知名的人工智能产业集聚中心，布局国家级人工智能创新中心，并建设产业公共服务平台。

经过多年的发展，苏州工业园区构建了具有特色优势的产业体系，其主导产业——电子信息制造业和机械制造业将积极向高端化、规模化发展。现代服务业，以金融产业为突破口，发挥服务贸易创新示范基地优势，重点培育金融、总部、外包、文创、商贸物流、旅游会展等产业；新兴产业领域，以信息技术、纳米技术为引领，重点发展光电新能源、生物医药、融合通信、软件动漫游戏、生态环保等新兴产业。

3. 成功因素

产业发展高端化：无论是世纪初的技术引进、产业基础搭建，还是转型升级阶段打造高端纳米技术等先进产业，抑或当下布局面向未来的战略性产业，苏州工业园区的产业发展均是以时代前沿产业为基础，始终把先进性和高端化作为建设的重中之重。当前，围绕高新技术开展的产业转型和升级发展，苏州工业园区形成了由高端产业引领且配套完全的产业集群。这无疑会加强本区域产业间的前后向关联，进一步形成完善的产业链条，给区域经济发展注入强劲动力。

创新驱动固根基：园区建设初期并不具备匹配的研发创新实力，通过采取中新合资扩大开放力度，引入实力企业，为本土企业带来示范效应。在积累沉淀后，及时确定强化自主创新能力的基调，逐步过渡到以自主创新为驱动的发展模式。通过科研成果的持续转化，开拓新的市场需求，提升已有产业的技术水平，并扩展至产业链终端市场。

聚焦园区功能配套：严格控制工业用地规模，工业用地、居住用地、配套服务用地采用1：1：1配比，并在居住区内引入合理的商业和生活配套，打造出集商业、文化、体育、教育、卫生为一体的邻里中心，以人为本的弹性交通系统增强了各功能板块间的联系，实现职住平衡。针对园区创新源不足的短板，围绕科技创新发展产业链部署优化产业创新创业载体，规划打造独墅湖科教创新先导区，已初步建成集教育、科研、新兴产业为一体的现代化新城区。累计建成研发机构和平台近150个（其中省部级28个），国家级孵化器4个、省级孵化器4个，为生物医药等产业链的创新发展提供有力基础。

精准招商促企业聚集：园区创新产业招商模式，开创性实施小分队、多批次"敲门招商"，注重运用以商引商、中介代理招商、行业主题招商、投资代建招商、产业链招商以及创投参与、债券发行、上市并购等多种手段，形成严密高效的招商网络资源。全面推行以环境污染负面清单为代表的高标准投资规划，建立"准入前国民待遇＋负面清单"管理模式，所有重大项目全部进行环境影响评估，所有建设项目全部实行一站式审批，对不符合规划要求的项目，坚决实行"一票否决制"。

（三）产业生态圈：天府成都

1. 基本情况

2017年，成都市委书记范锐平将生态圈理念引入成都城市发展建设中，明确提出成都市要打造并加快推进产业生态圈建设。

打造产业生态圈必定会包含两大任务，即原有产业的更新换代和产业配套体系的健全完善。围绕这两大任务，成都市又重点关注了以下维度的工作：一是生产维度，围绕核心产业或关键产业的众多相互依存、相互协作的企业集聚；二是科技维度，紧密联系与生产相关的科学研究、研发设计、实验体系；三是劳动力维度，包括熟练劳动大军、专业技术队伍、精通运营策划的管理群体；

四是硬环境维度，包括现代交通、通信设施等各类基础设施；五是公共维度，由提供金融信贷、法律法规、市场、信息、物流、咨询决策等服务和相关政策支持；六是城市生活维度，具体指功能完备、环境优美、出行便捷、富有人文精神等内涵。

2. 建设进展

（1）开展顶层设计

2017 年 7 月，顺应工业经济发展理念的转变，由市委市政府牵头，成都市开展产业生态圈建设的顶层设计，出台了《成都市制造牵引产业生态圈建设五年行动计划》《成都市产业生态圈建设工作方案（2017 年）》，以确保产业生态圈建设的稳步推进。

（2）完善工业空间布局以建设城市与产业时序同步演进、空间上分区布局、功能上产城一体为目标，强化标准厂房、人才公寓等生产生活配套和商务办公、展览交流、技术培训等公共服务设施建设，优化全市"20＋10"产业园区的主导产业和空间规模。2018 年，进一步落实成都市"一心两翼三轴多中心"的城市格局，贯彻"东进、南拓、西控、北改、中优"的五大主体功能区发展理念，由点到面、由内及外构建成都市全方位的产业链体系，整合创新资源，培育创新企业。

（3）打造现代产业体系，推进重大项目建设

在推进"中国制造 2025"试点示范城市建设的基础上，成都市大力发展先进制造业，打造出一批集电子信息、汽车制造、航空航天、轨道交通、新材料、新能源、人工智能等在内的具有辐射力、带动性的产业集群，充分发挥出前沿产业的引领作用。确定发展主导产业和支柱产业的同时，进一步落实供给侧结构性改革，推动传统产业绿色改造升级。现已全面淘汰小水泥、小火电、小石灰窑等行业，并整体退出了煤炭生产、烟花爆竹和钢铁长流程冶炼，实现本市的产业结构优化调整。

（4）提升产业创新能力，推动科技成果转化

加强高新技术企业创新载体建设，组织申报国家企业技术中心 8 户、国家技术创新示范企业 6 户。全市市级以上的企业技术中心已达 834 户，其中，国家级 31 户、省级 400 户，市级 403 户。围绕关键技术和产品，组织实施 383 个重点技术创新项目，发布新材料、新能源、节能环保、生物医药、石化、新产品及仪器类等技术成果转化项目 82 个，加速创新成果产业化。强化质量标准建设，组织开展国际、国家、行业和地方标准的制（修）订，促进"技术标准化、产品品牌化、服务定制化、质量精品化"。

（5）大力培育中小企业

通过深入实施中小企业成长工程，扶持壮大一批"上规模、成长型、小巨人"企业，2017 年培育中小企业 1595 户，其中拟上规模 46 户、成长型 709 户、小巨人 422 户，充分利用"长尾效应"。出台"产业新政 50 条"，完善在土地要素、能源要素、资金要素等方面的政策措施，确保为中小企业的发展营造良好的创新环境。

3. 未来发展

在发展方向上，坚持"创新驱动、标准引领、品牌发展、质量为先"的发展理念。在产业与创新布局上，全力推动产业向中高端迈进，重点支持电子信息、汽车制造、食品饮料等五大支柱产业提升能级；优先大力支持航空航天、轨道交通、节能环保等五大优势产业领先发展；超前布局以人工智能、精准医疗、虚拟现实等前沿技术为引领的未来产业，力争围绕电子信息技术的产业集群在规模上突破万亿元，围绕汽车制造、生物医药、轨道交通、航空航天等产业的集群规模突破千亿元，着力培育以技术密集型和知识密集型为核心的高端高质高新现代产业体系。建设成效上，2020 年实现制造业规模突破 20000 亿元，先进制造业占工业比重达 50% 以上，建成全国重要的高水平先进制造业城市。

第五章 生态产业集群创新系统构建

生态产业集群创新系统的实质就是一系列相互联系的组织及其支持环境，通过一定的机制相互作用、彼此影响，并在这种机制的作用下完成创新能量的有效循环和知识、信息的流动。在它们各自创新的过程中，组织与其业务相关的组织不断地产生联系和资源交换，并向网络化系统化的新型模式不断演变进化。系统还可以从整体上提高创新网络的风险抵抗力和竞争力，所有系统成员最终都将从中获益。

一、生态产业集群创新系统

（一）生态产业集群创新系统的特征

产业集群创新生态系统作为一种新型的创新网络系统，不仅具有创新网络的一般特征，同时它还具打以下几个重要特征：

（1）创新生态位分离

创新生态位的分离是创新生态系统建立的基础。创新生态位是指在特定区域内，创新组织对各类创新资源的利用和对环境适应性的总和。两个创新组织使用相同属性的创新资源或者占有相同的环境变量时，创新生态位就会出现重叠，竞争就随之而来。最终由于这两个创新组织无法占据相同的创新生态位，从而导致创新生态位发生分离。跟自然生态系统一样，创新组织的创新资源、产品类别和市场基础越相似，创新生态位重叠程度就越高，它们之间的竞争就越激烈。所以创新组织必须开发与其他组织存差异的独特生存技能，找到最能发挥自身优势的位置，成功实现创新生态位的分离。事实上，成功的创新组织总能够找到一个合适自己的创新生态位。创新生态位的分离在降低了同质化竞争的同时，还为创新组织之间的功能耦合创造了有利条件。

（2）系统边界的模糊性

创新生态系统具有模糊的边界，呈现网络状结构。创新生态系统模糊的边界，主要体现在两个方面：一是每一个创新生态系统部包含着众多的小创新生态系统，同时它本身又是更大的一个创新生态系统的一部分，也就是说，边界可根据主体自身及科技环境和变化趋势而定。二是某一创新组织可同时存在于多个创新生态系统生存。例如，飞利浦不仅和美国电话电报公司进行光电技术方面的合作创新，还和德国西门子公司合作研发统一的电话系统。

（3）系统动力的内部性

创新生态系统自身发展的动力并非来自外部系统或系统的顶层，而是来自系统内各要素或者子系统之间的相互作用。按照系统论的基本思想，它们通过子系统自发的相互作用，并产生了系统规则。可以看出，复杂性模式并非产生于外部指令，而是产于低层次子系统彼此之间的竞争和协同作用。通过竞争和协同，系统内各子系统将一些明显的竞争趋势进行优化，从而控制着整个系统从无序向有序发展。作为创新这样一个复杂适应系统，创新生态系统内的各种创新组织在一定的规则下，通过自我调适和各层次的相互作用，推动着创新生态系统逐渐向高层次有序进化。

（4）系统成员的多样性

对创新生态系统而言，系统成员的多样性至关重要。多样性是一个生态学的概念，生态系统内的各种生物在环境中各自发挥着不同的重要作用，物种和物种之间、生物和环境之间形成了很多完整的食物链和复杂的食物网，生态圈内构成了一个物质与能量流动的良性循环，一旦食物链出现断裂，系统功能将无法正常发挥。与自然生态系统相同，多样性对构建创新生态系统是不可或缺的。一是创新组织的多样性为其应对环境的不确定性起着重要缓冲作用；二是多样性对实现创新生态系统的价值创造很有帮助；三是多样性是创新生态系统实现自组织进化的前提条件。

（5）优势物种的重要性

关键成员对维持创新生态系统的健康至关重要。在自然生态系统中，按照各物种的作用可将其分为四类：伴生种、偶见种、优势种以及亚优势种。其中，优势种是占主导地位的物种，它对整个群落都有很强的控制力，如果优势种消失，将不可避免地导致群落性质和生态环境的明显变化。同理可知，在创新生态系统里，优势种作为系统的关键创新组织，承担着抵抗系统外界干扰的重要责任，它是应对外界干扰的缓冲器，有力地维护着创新生态系统的结构、生产力和多样性不受破坏。

（6）系统的自组织特征

创新生态系统具有组织的生态特征，并通过自组织不断进化。创新环境在不断地变化着，对于创新生态系统来说，只要条件满足，自组织就不会停止，就会一直随环境不断进化。

(二) 创新生态系统与自然生态系统的比较分析

虽然创新生态系统与自然生态系统有很多相似之处，但两者之间的差别更大，因此创新生态学的独立学科性毋容置疑，它并非一般生态学在创新领域的简单应用。与生物界个体相同，创新系统的各结点也必须适应所处的生态环境，其发展进化都要受到环境的制约，然而，创新生态与自然生态之间又千差万别，主要表现在：

(1) 创新生态系统具有人工性

自然生态系统没有人工性的特征，它只是在自然规律的引导下开展自维持和自调节运动。而创新生态系统具有目的性和可控性等特征，因而具有很强的人工性：①目的性。作为一种人工系统，创新生态系统是为了实现某种目的而建立的，其行为并非完全自然化。这种目的性就导致了创新系统内各因素存在各种特殊联系，并决定了各创新资源的特殊聚集模式。创新系统能按照各自的与实现程度的差异来调整各种因素的联系频度与方式，来逐渐适应外部环境的动态变化。②可控性。作为一种人工系统，当创新生态系统的自然功能特征开始减弱或无法适应外部环境变化时，能采取相应手段对其实施改造，来恢复或强化系统的既有功能，创新生态系统的这种可控性就是系统人工性的真正体现。

(2) 创新生态系统可跨区域利用生态资源

对自然生态系统而，大多数生物往往共同栖息在某一特定环境之中，可供利用的生态资源仅限该地区。而创新生态系统则明显不同，它能够跨区域来配置和利用创新资源。对于产业集群来说，资源外取是其重要的一种创新战略，只有把不同地区的优势创新资源集成起来，为我所用，才会获得好的创新产出。每个产业集群有其自身的特殊性，所在区域、成立时间、群内企业发展情况以及相关政策千差万别，所以它们对创新资源的拥有量和需求程度也各不相同，但每个产业集群都不同程度地存在创新资源不足的问题，这就需要产业集群与所在区域配合，促使创新各结点不断拓展创新资源空间，尽可能实现资源的集成和有效利用。

(3) 创新态系统对环境产生反作用

集群的创新过程会对集群所处的环境产生一定的反作用，这一点与自然生态系统有显著区别。创新生态系统的发展不仅在于要适环境，而且更为重要的表现为主动改造集群的创新生态环境。创新的发展，必然要求政府的政策符合继续创新的目的，建立科技企业公共服务平台等。同时，通过产业集群的创新活动，也使得集群的交通、通信、教育等更加完善，向更有利于创新的方向发展。

（4）创新生态系统构成要素的内涵不同

创新生态系统由许多要素构成，只有要素间的有机组合，才能构成完整的创新生态系统。约翰逊以珊瑚礁系统做类比，讨论了创新生态系统的构成。他从达尔文所观察与研究的珊瑚礁的形成讲起，认为一座珊瑚礁就是一个平台：沙堤、岩面、暗礁的裂缝，创造了数以百万计物种的栖息地，成为一座具有无限多样性的海底都市。达尔文将环礁视为由无数微小的建筑师打造的不朽作品：微小的珊瑚虫稳定地劳作——以水藻为食，建造霰石骨骼，老一代珊瑚相继死亡，继续为生长在其上的欣欣向荣的新珊瑚礁提供结构支撑，整个珊瑚礁系统以其错综复杂与相互依赖的食物网络为特点，数量众多而又密切相关的物种有效地重复利用资源，创造了紧密的营养循环网，形成了神奇的避难所和生物垃圾的循环利用，为千百万物种提供了繁衍共生的聚集平台，使它们得以生生不息地繁衍进化，从而在营养贫乏的水域里，造就出令人惊叹、不可思议和多种多样的生命，成就了强大的生态系统。可见，创新生态系统价值链的构成要素，应包括产业平台、领导者、合作伙伴、服务机构和顾客及其利益相关者。

①产业平台

企业在平台上跟合作伙伴和顾客通过生态系统创新，识别顾客需求并实现顾客梦想的体验，平台是创新的基石。产业平台通常由平台领导者构建及主导，围绕系列性产品中的一项基础或核心技术，整合企业生产和使用产品过程中需要的补充产品或服务，提升整体价值。平台生产商往往依赖于外部企业来生产关键的补充产品。没有软件开发工具和应用程序，如果没有无线电话技术和网络服务，Windows–Intel 个人计算机和智能手机都只是不值钱的小铁盒。除了平台能够聚集资源和协同创新，产业平台的显著优势还在于网络效应的创造。平台接入的参与者越多，平台就越有价值，随着平台被越来越多地采用和使用，正向反馈回路将以几何级数增长。因此，潜在的产业平台接口应该更加开放，在技术上更易于连接，并且许可和服务费用较低或者免费。从而鼓励其他业务主体参与，协同创新提供整体性能更化的用户体验。

②平台领导者

具有平台技术的领导者需要在广阔的产业层面激励平台参与者，依赖合作推动围绕平台的创新。产业平台通常需要平台领导者创立并沟通平台发展的愿景，理解识别顾客价值机会，领导者需明确自身定位及主要的技术和核心产品，主导设计并提供工具、技术，激励其他企业，协同开发迎合其愿景的补充产品或服务。推动多企业的创新来减少系统瓶颈，制定开发推广协作标准，决定其产品架构的模块化程度，以及平台接口的开放程度。平台要足够开放，可以令补充生产商繁荣兴旺，但也要足够封闭以保证关键技术不易被模仿。由于补充生产商也可能会成为竞争者，平台领导者需要考虑怎么样使他们的补充生产商与合作伙伴达成共识，并能够合理调整组织，解决可能出现的平台利益冲突，服务更多的平台用户。

③平台合作企业

平台合作企业是加入某个平台，为实现基于平台的共同愿景，围绕平台领导者的产品或技术，基于共同认可的标准，开发相应的补充产品和服务的企业，通过平台接口实现交互和协同。平台的价值取决于这些补充产品和服务的可用性和创新性。例如，为苹果的 AppStore 和 iTunes 提供应用程序和内容的企业，谷歌搜索引擎所连接的网站和广告商，沃尔玛全球供应链平台上的产品供应商。在围绕平台领导者开展协同创新的过程中，这些合作企业收获了更多的市场机会、利润以及自身持续创新能力的不断提升，有的甚至有朝一日自己也能成长为某个特定平台的领导者，专门为苹果计算机开发激光打印机软件的 Adobe 公司，就是一个典型的例子。

④顾客及其利益相关者

任何品牌战略的核心都是把所有客户价值机会协调配合，创造完整的用户体验。因此，企业都认识到服务客户是产品开发的核心，但是只为客户设计是不够的，因为有时候不为人所关注的利益相关者对产品最终的开发成功会有意义深远的影响。儿童用品的提供者不仅仅要考虑用户体验，同时也需要高度关注真正的购买决策者——父母的认知，以及学校、教师和一些其他社会组织对产品的印象，这些利益相关者都会对用户是否选择产品，是否购买产品有重要的影响。创新生态系统应该吸引尽可能多的利益相关者参与，并具有前瞻性地准确解读这些利益相关者的需要、需求和渴望，激励他们参与到创新过程中。

⑤SET 因素

SET 因素是创新生态系统中的宏观动态因素，反映与顾客价值的未来发展趋势，对 SET 系列因素的分析是识别产品机会，解读顾客梦想体验的关键环节，包括社会、经济和技术三大因素。社会因素集中于文化、政治和社会生活中相互作用的各种层面，包括家庭结构和工作模式、健康因素、运动和娱乐、旅游环境、图书杂志音乐等的发展现状；经济因素涉及市场购买力和购买焦点，即人们所相信自己拥有的、可以用来购买改善其生活方式的产品与享受服务的能力；技术因素主要包括可直接或间接运用的新技术和科研成果，及其潜在能力和价值。通过对 SET 因素的收集、关注和分析，识别未来新产品开发的趋势并找到与之匹配的技术和购买动力，开发设计出新的产品和服务。

二、生态产业集群创新系统的主体及其利益关系

(一) 产业集群的创新网络结构分析

产业集群并不是指表面上所体现的企业扎堆现象,而是涉及整个供应链的各个企业基于一种特定的组织关系所形成的一个有序体系。这样,集群内部的各个主体之间通过正式和非正式的关系可以在技术、市场、设计以及信息和培训等方面实现一定的资源共享,风险共担,从而获得较强的集群创新效率。

(1) 产业集群的正式创新网络结构

集群的正式关系网络主要是指集群主体之间进行正式的互动,从广义上来理解就是具有一定的公开性,通过这种途径进行传递的资源都具有显性知识的特点,这些资源有助于创新的开展,集群的创新网络结构如图 5-1 所示。

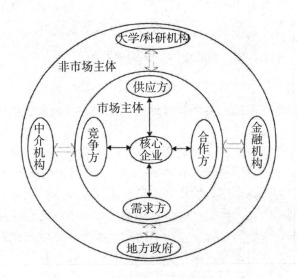

图 5-1 产业集群的正式创新网络结构

如该图所示,企业既是市场活动的主体,也是技术创新的主体。这些企业之间生产、销售或者消费产品,彼此之间形成复杂的联系,从而形成市场网络。图中的核心企业主要是指从事技术创新活动的企业,它与供应方和需求方之间形成纵向的产业关系,与竞争方和合作方之间构成了横向的关系。需要指出的是,当换个角度来看时,供应方、需求方、竞争方、合作方等也可能是产品的生产者,当研究这些主体的技术创新时,他们也属于核心企业。

那些不进行商品生产和销售的主体属于非市场主体，主要包含政府机构、大学及科研机构、中介机构、金融机构等组织，这些机构和市场活动主体之间存在一定的关系，并对其技术创新产生影响。可以看出，产业集群创新网络的主体具有多样性，这些企业之间既存在横向的相互竞争关系，又存在纵向的相互合作关系。这些从事市场活动的多个企业主体聚集在一个地区，彼此相互作用，对技术创新具有很强的推动作用。

（2）产业集群的非正式创新网络结构

产业集群的非正式网络主体有很多种，诸如政府组织、大学、研究机构、中介机构、金融机构等，这些组织不直接参与生产与销售活动。对于每个环形通道的个体来说，都处于产业链中相同的环节上，似也有可能是相同行业内的合作者或者竞争者。对于跨组织的知识流动的个体而言，虽然是来自产业链上的不同环节，但其工作性质却非常类似，因此它们有着非正式交流网络。

政府机构、中介机构、金融机构等机构虽然没有直接参加创新活动，但是它们和企业存在千丝万缕的联系，可以为企业的创新提供服务或物质支持，它们与企业之间的跨组织交流，有利于提升企业的创新绩效。

（二）产业集群创新生态系统的主体构成分析

产业集群创新生态系统的主体实际上是指产业集群创新活动的主要参与者，即创新主体。创新活动的主体是具有创新能力并实际从事创新活动的人或社会组织。

在创新领域中，创新主体应满足以下几方面特征：①具有对创新活动自主的决策权；②具有进行创新活动所要求的能力；③承担创新活动的责任与风险；④获取创新活动的收益。熊彼特认为，创新主体主要是指企业家，范围显然过于狭窄。当将创新作狭义理解，即技术创新时，一般认为企业是创新主体。如果广义地理解创新，那么在国家创新系统中，还可以把政府作为制度创新的主体，把研究机构和大学作为知识创新的主体。因此，创新领域是广阔的，创新主体是多元的，人们可以用不同的标准对创新主体进行分类。如果按照创新主体在进行创新活动时所采取的形式来分类，可以分为个体主体、群体主体和国家主体；如果按照创新主体所完成的创新内容来分类，可以分为理论创新主体、技术创新主体、制度创新主体、文化创新主体等。不同的创新主体应该具备不同的创新素质，而创新素质的高低又往往决定其创新能力的强弱。因此，研究创新主体的问题，努力提高各类创新主体的素质，成为提高主创新能力的关键性因素。

产业群的创新主体，主要包括政府、企业、大学、科研机构、金融机构和中介机构。各个组成成分借助产业集群这个载体，通过资金流、物资流、信息流、知识流、人才流、政策流的汇集和转化，共同促进产业集群创新能力的提升，如图5-2所示。

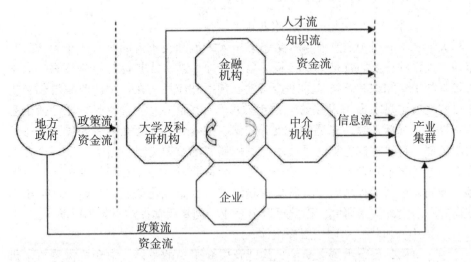

图5-2 产业集群创新生态系统各生物成分的作用

从图5-2可以看出，政府、企业、大学、科研机构、中介机构和金融机构等创新主体各自发挥着不同形式的互动作用，它们通过融入产业集群要素的创新链和价值链之中，在长期正式或非正式的合作与交流的基础上，共同推进产业集群创新能力的提升。

它们在产业集群创新生态系统的定位分析如下：

（1）政府——制度创新主体

政府主要提供政策支撑，一般通过资金流和政策流的形式来对产业集群内创新体的创新活动进行扶持和推动。当前，我国的市场机制还不够完善，政府机构在产业集群创新活动中具有重要作用，它可以为创新活动提供良好的政策环境、资源环境、法律环境以及资金支持。政府需进一步明确自己担负的角色，充分发挥宏观调控、法规监控、政策引导、财政支持、资源提供、服务保障、利益分配等作用。此外，当产业集群的创新活动不是特别活跃时，政府机构还能够作为另一个核心创新体，直接参与到产业集群的创新活动之中。

（2）企业技术创新主体

企业是一切创新的出发点和落脚点，它始终是技术创新的具体实施主体，主要为产业集群提供物资流和资金流。产业集群是由一个由众多生产经营同类产品的企业构成的，企业作为一个单纯以营利为目的生产经营组织，它具有市场竞争的外部压力和技术创新的内在动力。企业热衷于在深入了解国内外市场需求的基础上，积极进行产品技术开发，并将其与生产和营销服务有效地结合起来，实现产品全过程的技术创新，来获取超额利润。

（3）大学和科研机构——原始创新主体

大学和科研机构是产业集群生态系统人才流和技术流的源泉。作为非盈利组织，大学的首要职责是知识传授、培养人才，其次才是进行科研探索。大学直接参与了新知识和新技术的创造研发、传播和应用，在整个产业集群创新生态系统发展中显现出了很强的"溢出效应"。因而，大学为产业集群创新生态系统提供了创新来源，它是产业集群知识、技术和人才要素的主要供给者。与大学类似，科研机构也是前沿技术与基础研究的重要力量。过去，很多企业都设有独立的技术研发部门，因而企业与社会科研机构并没有很深的联系。在国家实施知识创新工程之后，科研机构陆续进行了企业化改制，开始转向从事基础研究和前沿高技术研究，因此可以为企业的创新活动提供服务和帮助。

（4）中介机构——创新服务主体

中介机构是创新主体之间信息沟通及中介服务的主体。中介机构是技术供给方和应用方的连接桥梁和纽带，为创新主体提供社会化、专业化的技术咨询服务。它在创新生态系统中发挥着沟通、支撑、促进、整合、扩散的作用，对加速创新知识和技术的扩散以及科技成果的转化具有重要意义。中介机构大致可分为公共服务机构和集群代理机构这两种：

①公共服务机构。它主要由技术交易机构、人才中介、会计师事务所、律师事务所、咨询机构等构成。公共服务机构为集群的创新活动提供各种资源的载体，技术市场为技术扩散和应用、创新成果转化提供信息平台，对提高创新效率有重要意义；人才市场可以解决创新活动中的人才流动问题，为创新人才的合理配置提供保障；会计师事务所、律师事务所等为创新组织提供财务、法律等方面的咨询。

②集群代理机构。

集群代理机构又可分为行业协会、企业家协会和技术交流协会等创新服务组织。集群代理机构通过定期或非定期的会议和活动，可以加强人员交流。由于地理上的接近，可以使人员交流的频度和强度得到提高，使信息能够有效地共享。更为重要的是促进未编码的信息传递，使集群外看来是秘密的信息成为集群公开的知识。

（5）金融机构——创新投入主体

金融机构是产业群技术创新资金的提供主体。金融是现代经济的核心，产业集群及其科技创新的发展离不开金融的支持，良好的金融环境和发达的金融市场是实现产业集群蓬勃发展、大幅提高科技创新能力的基础和保障。如果"科技"是企业的"心脏"，那么"金融"则相当于为这个生命体提供了新鲜的"血液"。"科技"和"金融"的有机结合，可以为企业建立了良性的循环系统。作为产业集群创新态系统的重要组成部分，金融机构的最大优势在于提供创新生态系统所必须的资金和物质。金融机构主要由国内银行金融机构、非银行金融机构和创投机构这三部分组成：

①银行金融机构。银行业金融机构，是指在我国境内设立的商业银行、城市信用合作社、农村信用合作社等吸收公众存款的金融机构以及政策性银行。

②非银行金融机构。非银行金融机构主要有三类：一是由银监会负责监管的信托公司、金融租赁公司、金融资产管理公司、财务公司等机构；二是由中国证监会负责监管的证券公司、基金管理公司、期货经纪公司等机构；三是由中国保监会负责监管的财产保险公司、人身保险公司、再保险公司、保险中介机构以及保险资产管理公司等。

③创投机构。创投机构主要为新创中小企业、高科技公司提供融资活动，与一般的投资机构不同，创投机构不仅投入资金，还运用它们长期积累的经验、知识和信息网络帮助企业管理人更好地经营企业。

（三）产业集群创新生态系统各主体的利益关系

1984 年，弗里曼出版了《战略管理：利益相关者管理的分析方法》一书，书中明确提出了利益相关者管理论。与传统的股东至上主义相比较，该理论认为，任何一个公司的发展都离不开各利益相关者的投入或参与，企业追求的是利益相关者的整体利益，而不仅仅是某些主体的利益。事实上，利益相关者理论对企业的技术创新活动同样具有现实的指导意义。鉴此，本节运用利益相关者理论，来对产业集群创新生态系统各生物成分的利益关系进行深入剖析。

根据利益相关者理论，在产业集群创新生态系统中，所有利益相关者都对创新活动注入了一定的专用性投资，同时也分担了一定的风险，或是为企业的创新活动付出了代价，因而都应该享有企业创新成来的收益权。在产业集群创新生态系统中，政府、企业、大学、科研机构、中介机构和金融机构等创新主体各自发挥着不同的作用，也有各自不同的利益。

综合上述分析，可以得出产业集群创新生态系统各种主体关系图，如图 5-3 所示。

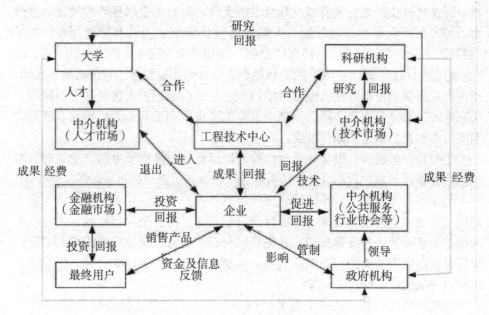

图5-3 产业集群创新生态系统各种主体关系图

(1) 企 业

企业是创新生态系统的核心主体，它与其他所有主体都有直接或者间接的关系，而其他主体对它的作用是创新生态系统的创新能力的集中体现。它在政策、税收、金融、财政、法律、专利等方面被政府进行管制，同时也影响政府的政策制定；生产力促进中心、孵化中心等机构可以促进企业的发展，也从企业得到回报。企业把产品销售给最终用户，最终用户反馈意见和需求给企业，使企业不断创新、发展；金融机构投资给企业，从企业的运营成功得到回报；工程中心提供技术给企业；人才从人才市场进入企业，也可以从企业退出，回到人才市场；技术市场提供技术给企业，也从企业得到回报；大学通过人才市场、工程中心和技术市场对企业产生影响；科研机构主要通过工程中心和技术市场对企业产生影响，也可以直接产生影响。大学和科研机构都能促进企业的发展，同时从企业得到的回报也可以加速它们自身的发展。

(2) 政府机构

政府机构主要起宏观管理和管制的作用，政府领导生产力促进中心、孵化中心等机构并通过它促进企业的发展。政府机构制定的各种政策以及对其他主体的投入对各个主体的发展、创新有非常重要的作用，其他主体都要受到政府政策的约束，政府机构的政策是重要的环境因素。

（3）大　学

大学不但提供人才给人才市场，同时与工程中心有充分的合作，把研究成果提供给技术市场并得到回报。当然大学也可能直接与企业有联系，甚至可能创办企业。

（3）科研机构

科研机构与工程中心有充分的合作。合作成果提供给技术市场并得到回报。当然科研机构也可能直接与企业有联系，甚至可能创办企业。

（4）中介机构

生产力促进中心、孵化中心等中介机构促进企业的发展并获得回报，同时接受政府的领导；人才中介机构主要从大学得到人才，人才在人才市场与企业之间有健全的进入和退出机制；科技中介机构分别从大学和科研机构得到研究成果并给予回报，然后提供技术给企业，从企业得到回报；其他中介机构包括专利事务所、科技信息服务机构、科技咨询评估机构、成果推广与科普网络和行业技术办会，它们为其他主体的良好运作提供必要的支持。

（5）金融机构

金融机构接受各种资金提供者包括最终用户（因为最终用户也是资本拥有者）的资金，并投资到企业，得到回报，然后转给最终用户等资金提供者。

（6）最终用户

最终用户是企业的产品的销售对象，他们产生的需求是直接驱动企业创新的动力。他们也投入资金到金融机构并得到回报，而且也影响企业的发展。

三、产业集群创新生态系统的结构设计

创新生态系统的结构主要指构成创新生态诸要素及其量比关系，各组分在时间、空间上的分布，以及各组分间能量、物质、信息流的途径与传递关系。生态系统结构主要包括空间结构和时间结构两个方面。

（一）产业集群创新生态系统的空间结构模型

从组织生态学的角度出发，产业集群创新生态系统可以分为创新组织、创新种群、创新群落和创新生态系统四个层次，如图5-4所示。

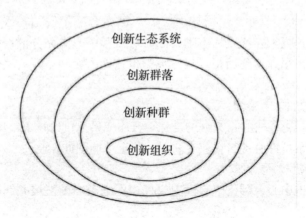

图 5 - 4   产业集群创新生态系统的构成层次

（1）创新组织

集群创新生态系统的创新组织是指创新生态系统内的所有创新主体。这些创新组织是创新生态系统存在的基本单位，具有生长和自身进化的特性，能够对外部环境的变化发生反馈，自主地适应环境变化，不断更新。如前所述，产业集群创新生态系统的创新组织主要包括：政府、企业、大学、科研机构、金融机构和中介机构。

（2）创新种群

集群创新种群是产业集群内部由同质的一群创新组织构成的集合，创新种群内部的创新组织必须具有相同或相似的特征。产业集群创新种群具有一定的空间格局，种群内部的创新组织间通过各种关系有机地结合起来。一般情况下，创新组织的发展总能形成创新种群，以创新种群的形式生存、繁衍和扩张，创新组织以种群的整体形式与生态环境发生各种关系。按照上图中给出的产业集群创新生态系统各创新组织的关系，本研究拟按照在创新过程中功能的不同来进行划分，将这些创新组织分别归入五个不同的创新种群：原始创新种群、技术创新种群、创新服务种群、创新投入种群和制度创新种群。每个创新种群都由一些主体构成，如表 5 - 1 所示，部分种群之间有一定的交叉。

表 5 - 1   产业柴群创新生态系统创新种群及其创新组织

种　　群	所包含创新组织	功能定位
原始创新种群	大学、科研机构	原始创新
技术创新种群	企业	技术创新

续　表

种　群	所包含创新组织	功能定位
创新服务种群	政府、中介机构	创新服务
创新投入种群	企业、金融机构、政府	创新投入
制度创新种群	政府	制度创新

①原始创新种群。主要包含大学和科研机构这两种创新组织。大学是新知识聚汇和高水平人才聚集的地方。大学不仅起着培养人才、生产和传播知识的作用，而且由于具有涉猎世界科技前沿、研究气氛浓厚、学科交叉渗透和科研设施较好等优势，因而有较强的原始创新和综合创新能力。原始创新种群的主要功能有：向制度创新种群提供战略性和前瞻性的研究成果；向技术创新种群供应原创性技术；向创新投入种群提供创新创业人才，由此不断产生新企业或新的经济增长点。

②技术创新种群。技术创新种群主要包括企业和由企业发展而来的企业联盟。在新形势下企业发展要由重点扩大生产能力转向重点提供创新能力，以不断增加拥有自主知识产权的技术，从而取得竞争优势。技术创新种群的主要功能是：吸纳主要来自原始创新种群的原创技术，将其转化成产业技术，进而设计、生产和销售产品，从而体现创新活动的市场价值；支持和参与原始创新种群的创新活动，以扩大原创技术的来源，吸纳社会的"创新资产"，以增强科技实力。

③创新服务种群。创新服务种群主要包含政府机构和中介机构这两种创新组织。创新服务种群以促进知识、技术转移为目标，通过促进各创新组织之间有效的沟通和互动，实现信息、人才、知识、技术和资金等资源的流动与共享，提高各创新组织创新能力。该系统为原始创新种群、技术创新种群和创新投入种群的良好运作提供必要的支持，使它们能够发挥最大效用。

④创新投入种群。创新投入种群主要包含企业、金融机构以及政府。多元化的创新投入系统以政府投入为引导，企业投入为主体，金融机构投入为补允。创新投入种群的功能主要体现在通过地方财政投入及其他经济手段，促使企业和金融机构的资金投入得到合理配置，并产生倍增的效果，形成对集群创新的持续支持和社会资源的有效动员。

⑤制度创新种群。制度创新种群是以政府为主体，以制度创新和环境建设为重点，充分发挥政府的组织领导作用。一是制定和完善促进科技创新的各项政策措施，为区域创新提供宏观导向和高效运行的软环境；二是加强基础设施

建设、合理均衡配置创新资源，为区域创新提供优良的硬环境和优质服务；二是办调各创新主体间的关系，推进管产学研之间的结合和良性互动。政府机构根据创新理念制定的政策可以看作创新生态系统的环境，也是政府机构作为创新生态系统的制度创新主体，体现其作用的主要手段。

（3）创新群落

创新群落是指在特定时间空间内，由几个不同类型的创新种群有机结合而成的集合体，是产业集群创新生态系统各主体的总和。创新群落的性质是由组成群落的各创新种群的环境适应性以及这些创新种群彼此之间的相互关系所决定的。创新种群的相互关系和适应性决定了创新群落的结构、功能和多样性，集群创新群落就是各个创新种群彼此适应以及适应外部环境的过程的产物。集群创新群落将形态和功能特征各异的不同创新集群有机地结合在一起，使创新种群间能够共享资源、优势互补，从而提供一个稳定的创新环境。如图 5 - 5 所示，产业集群的创新群落是由原始创新种群、技术创新种群、创新服务种群、创新投入种群和制度创新种群这五个种群构成的。产业集群有大量的创新群落，每个创新群落都有各自不同的结构和功能。

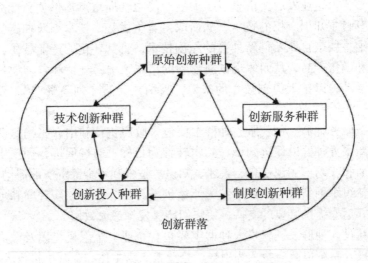

图 5 - 5　产业集群创新群落的结构示意阁

（4）创新生态系统

产业集群创新生态系统是在一定区域范围内，具有高度创新群落特性的产业集群与其所处的态环境组成的具有一定结构、层次和功能的生态系统。产业集群的生态环境包括产业集群周围的生物和非生物环境，一般所说的产业集群所处的环境主要是指非生物环境，大致包括经济生态环境、自然生态环境、科技生态环境、文化生态环境等。产业集群创新生态系统的框架模型如图 5 - 6 所示。

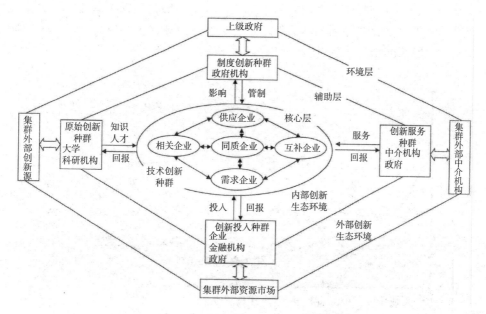

图 5 - 6　产业集群创新生态系统的框架模型示意图

从图中可以看出，该框架模型基于各种创新组织之时在长期的正式或非式的合作与交流，构建了产业链条上各企业之间及企业和高等学校、科研院所、中介机构、金融机构、政府机构之间相对稳定的联系网络，把创新主体企业和其他各次要参与者的创新活动联系起来，并将各个创新组织的不同功能相互整合，进而实现集群的自主创新和产业升级。

原始创新种群、技术创新种群、创新服务种群、创新投入种群和制度创新种群是产业集群创新生态系统中的五个种群，它们有各自的生态位和功能。技术创新种群占有市场；原始创新种群拥有大量的人才与知识储备，是新产品、新技术的提供者；而创新服务种群拥有创新技术和产品的扩散渠道，并且是连接其他组织的纽带；创新投入种群拥有资金；制度创新种群拥有调控权。在产业集群创新生态系统中，这几个创新种群的生态位没有发生重叠，每个种群都有各自的特点和优势，它们结合在一起能够实现优势资源的互补。

（二）产业集群创新生态系统的时间结构

产业群创新态系统在发展过程中，为了适应环境和资源的变化而处的不断变化的状态，也就是产业集群创新中生态系统空间结构的动态演化过程。产业集群创新生态系统在外部环境的作用下，会经历形成阶段、发育阶段和成长阶段这三个阶段的动态演变过程，如图5-7所示。

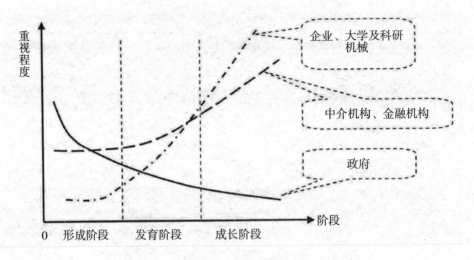

图5-7　产业集群创新系统演化阶段示意图

（1）形成阶段

这一阶段是产业集群创新系统的构建时期，其组成要素并不完整，产业集群创新生态系统的建立要靠政府推动，同时企业、大学和科研院所参于其中。虽然都进入到创新领域中，但其科研开发力量仍是分散、无序的，合作创新是脆弱、随机的，市场作用还很不突出，中介机构和金融机构很不健全。同时，在产业集群创新生态系统的形成阶段，构成产业集群创新生态系统的许多基础设施还很不健全，需要政府进行投资与建设。

（2）发育阶段

这一阶段开始由政府单独推动技术创新逐步转变为向市场多元主体共同推动技术创新。企业、大学与科研机构之间的联系在市场作用下进一步加强，中介机构和金融机构得到较大发展，创新组织与创新生态系统的实力得到增强，表现为新产品不断涌现，引进先进技术的消化吸收能力和国产化技术水平不断提高，企业技术改造速度加快，经济得到较快增长，人民生活水平得到较快改善。这一时期的特征是市场和政府共同推进技术创新。现阶段，我国大部分地区的产业集群创新生态系统建设就处于这一阶段。

（3）成长阶段

在这一阶段，产业集群创新生态系统的产业化和商品化水平基本上跟上社会需求，创新生态系统的对外输出有突出份额。此阶段的特征是政府的作用已退居次要。而让位于市场，市场在组织、调整、配置资源等方面起着主导作用。由于前两个阶段的建设，产业集群创新生态系统的中介机构、金融机构和创新生态环境的作用得到发挥，创新组织成为这一阶段实现产业集群创新生态系统整体功能的核心。例如，西方发达市场经济国家的产业集群创新系统建设大多处于这一阶段。此外，在产业集群创新生态系统的演化过程中，产业集群创新生态系统演化的三个阶段之间必然存在着交叉和重叠，并不是完全分开和独立存在的。

第六章 产业集群创新生态系统的网络治理机制

产业集群创新生态系统各创新主体之间在竞争与合作的过程中，不可避免地要受到彼此间的影响和一些规则的支配约束。构建产业集群创新生态系统地方网络治理机制的最终目的在于推进集群创新，保持集群竞争优势，实现集群的可持续发展。

一、产业集群创新生态系统的多中心治理结构模型

在当前的政府公共管理研究领域，多中心治理理论是一个新理论，它主张在公共事务处理过程中，政府与社会、市场、私人部门之间应建立可互相依赖、互相合作的关系，在政府之外寻找新的治理中心，来避免权力过于集中，以保证治理体系的活力和效率。产业集群创新生态系统治理结构是创新生态系统内的组织结构、基于权力及权力分属性的企业之间的关系，它是创新生态系统内各主体在共同演化过程中相互博弈的结果。产业集群创新生态系统是以地方网络为基础的，地方网络治理应该依靠地方力量，核心要素为地方企业、地方政府、中介机构（如行业协会）、大学及科研院所、金融机构（如创投机构）。产业集群创新生态系统的多中心共治模型，如图6-1所示。

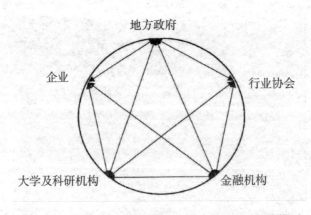

图6-1 产业集群创新生态系统的多中心治理结构模型

从上图可以看出，产业集群创新生态系统的网络治理主要是通过地方企业、地方政府、中介组织、金融机构、大学及科研院所等地方性多中心主体的合作互动与博弈来实现的，其主要目的在于协调产业集群创新生态系统内部关系，培育产业集群的竞争优势和创新绩效。其主要含义如下：（1）地方企业、地方政府、中介组织、金融机构、大学及科研院所都是创新生态系统治理结构中的权益主体，多中心权威治理逐渐取代传统的单中心权力管制；（2）多中心主体必须在边界范围内享有权力，而不能破坏创新生态系统治理结构的力量均衡和相对稳定性；（3）多中心治理主体之间会相互作用，共同推动产业集群创新生态系统治理结构的合理化和高级化；（4）治理结构的动态演进可以规范创新生态系统各行为主体的行为。多中心主体之间的反复博弈会提高产业集群创新生态系统治理结构的效率，而合理的治理结构则又推动集群创新绩效的提升。

二、产业集群创新生态系统治理主体的功能定位

产业集群创新生态系统的地方网络治理主体主要有地方企业、地方政府、中介组织、公共机构、金融机构、大学及科研院所等五种，它们在系统治理中的功能定位是各有不同的。

（一）地方政府在集群创新生态治理的功能定位

虽然不同地方政府在产业集群发展的介入阶段不同，但是地方政府在治理中功能定位却基本相同，主要体现在以下两个方面：

（1）构建宽松的集群创新环境

提升集群的竞争力在很大程度上依赖区域创新环境的构建，地方政府一方面要加强硬环境的建设，既给集群内企业提供良好的生存发展环境，又可以吸引更多的企业尤其是技术管理先进的跨国公司的入驻，为产业集群的发展升级提供优良的硬件支撑；另一方面则是改善软环境，打造良好的地方制度环境、社会文化环境、机构环境以及市场环境。如通过改善制度环境，为创新主体的发展创造一个适宜的制度环境；通过改善社会文化环境，引导并造就集群创新主体间的"信任"的氛围，增强创新网络关系的稳定性和根植性；通过改善金融机构、行业协会、孵化器、事务所等组织的机构环境，为产业集群创新生态系统的发展特别是科技型中小企业提供良好的公共服务平台；通过改善市场环境，建设和维护市场信用，加强市场监督，使集群创新主体在公平信任的创新环境下竞争与合作。

（2）激活它创新主体的治理功能

产业集群创新生态系统的治理是一种多中心的动态结构，离不开企业、中介机构、大学及科研院所、金融机构等其他相关利益主体的参与，因此地方政府还必须承担激活其他治理主体治理功能的职责，主要表现在以下几点：

①通过产业政策、税收优惠政策、科技政策等各种方式激发企业的创新热情，充分发挥企业家在集群创新生态治理过程中重要作用，积极传播企业家精神的价值理念。

②通过法律手段来确立行业协会等中介组织机构的市场地位，为产业集群的创新活动提供信息传递与服务平台。

③通过财政支持和科技政策等手段，引导大学及科研机构参与集群内的产学研合作，为产业集群的创新升级提供专业知识、技术培训、技术人才等高级生产要素，提升知识资源的利用效率，挖掘其附加价值。

④通过健全企业信用评级制度和融资担保体系来进一步完善产业群金融服务体系，引导金融机构积极参与破解集群内中小企业的融资瓶颈，积极引导资金注入产业集群的创新活动之中，为集群内企业提供各种金融服务。

⑤大力倡导产业集群融入全球价值链。一是积极开展全球范围的区域营销，为产业集群的发展升级提供创新支持政策；二是协同集群内企业、行业协会等相关治理主体一起了解产品质量标准、技术流程标准、国际社会责任标准等，积极应对国际贸易摩擦、反倾销制裁等。

（二）企业在集群创新生态治理的功能定位

企业作为产业集群创新网络组织行为主体，治理功能主要体现在以下两个方面：

（1）有效规避产业集群企业之间的机会主义

作为一个"经济体"，实现利润最大化是集群企业的追求目标，它们有回避风险的内在冲动。然而，有大量稀缺资源的核心企业参与到产业集群的创新生态治理时，其他相关企业就不得不重新作出决策，选择以这些核心企业为中心来确定自己的发展方向。除了采用法律等正式契约来规范企业的关系外，还可以通过声誉、社会惯例等非正式的治理机制来保障企业利益。

（2）可以进行效的创新激励

在网络关系中，各主体要想获取利益，仅仅依靠于自身所控制的资源是不够的，还取决于其他主体所控制的资源，以及整个网络组织对资源的整合能力。企业是产业集群的技术创新主体，是集群创新网络的基本节点，也是价值创造过程中的决定性因素，企业参与到产业集群的创新生态治理，能把网络组织的多中心治理与自身的层级治理充分结合起来，借此打造集群企业的竞争优势，强化企业间的资源共享与分工合作，并利用好地方政府与中介机构所搭建的公共服务平台。集群企业积极参与创新生态治理，使得企业间的竞争合作更紧密，实现了资源的共享，集群的创新环境也得到优化。各治理主体在相互博弈中实现了各自的利益诉求，有效地激励了各治理主体，大学与科研机构的技术转化得以加速，地方政府也实现了产业集群的创新升级。

（三）行业协会在集群创新生态治理的功能定位

在产业群中，行业协会是创新网络中的一个重要节点，是产业集群内中介组织的一个重要形式，是和集群企业、地方政府、大学及科研机构、金融机构相互依赖、相互作用的权力和利益主体，是现代产业集群创新生态治理中重要的治理主体。其社会治理功能主要体现在以下几个方面：

（1）促进行业自律，维护行业秩序

我国很多产业集群因为存在进入门槛低、技术含量不高易被模仿、产品更新速度快等问题，造成了集群企业间的过度模仿。集群企业大多为中小企业，规模小且发展时期不长，在激烈的市场竞争环境下，自身创新能力的先天不足使得集群企业有很强的机会主义冲动，热衷于过度模仿。在这种条件下，价格战自然无法避免，为降低成本企业还可能主动降低产品品质或技术标准，由此进入了更为激烈的恶性竞争循环之中，巨大的市场失败风险也蕴含其中。为了避免这种情况，行业协会就可以结合行业特征，制定出台一些自律性的行业规则条例，来加强企业的自律，这在某种程度上就实现了创新失灵的治理。

（2）搭建平等的信息交流与共享的平台

实现各主体之间的沟通互动与对话交流是产业集群创新生态治理一项的重要内容。行业协会作为一个中介机构，具有信息多、联系广、机制灵活等优势，可以通过参政议政、咨询服务、技术培训、举办展览会等形式实现政府、企业、机构以及外部组织之间的合作交流和知识共享，这些良性互动平台进一步优化了集群的发展基础，集群企业的技术能力和学习能力得以提升。地方政府、企业和行业协会在这种良性互动平下制定为集群发展的行业规划和产业政策，进一步夯实了产业集群的发展潜力。行业协会是企业利益的代表，这种独特的功能决定了行业协会对政策有较强的影响力；而地方政府为了引导行业协会参与到创新生态治理之中，也会对行业协会给予大力支持。地方政府在制定集群相关政策和规划时也会事先委托行业协会来征求集群企业的意见。行业协会在与集群企业磋商后将最终意见反馈给地方政府。地方政府全面了解多中心主体的利益之后，就会出台契合集群发展需要的政策与规划。

（四）大学及科研机构在集群创新生态治理的功能定位

大学及科研机构作为专业人才和知识技术的主要"摇篮"，在区域经济发展中具有独特的作用，是地方网络中公共机构的典型代表，是产业集群创新生态治理的主要力量，治理功能主要体现在以下几个方面：

（1）培育和创造高级生产要素，提升集群的创新生态治理能力

高级生产要素主要指技术型人力资本、专业知识等，它们是产业集群创新生态系统的竞争优势来源。在产业集群的发展过程中，大学及科研机构方面持续生产和传播新的技术知识和管理理念，有力地提升了企业的技术创新能力，还增加了新企业的创业机会，对营造好的集群创新文化环境发挥了重要作用，同时，大学及科研机构通过教育、实验和培训，向产业集群提供了源源不断的专业技术人才，还输送了一大批具有创业精神和经营才能的企业家，极大地提升了产业集群的创新生态治理能力。以斯坦福大学为例，除了为硅谷的发展提供了大量的智力资源并将专业技术知识转化为产品之外，它对硅谷的更大贡献还在它树立了"斯坦福创业企业"这种企业精神，极大地推动了硅谷产业集群的发展。

（2）各创新主体多中心连动，优化集群的创新氛围

产业界、大学及科研机构、地方政府等具有不同区域资源优势的创新主体进行合作交流形成的制度创新，是构筑区域创新网络的基础，也是国家知识创新体系的有机组成部分。这种制度创新能够实现企业、高校和科研机构的知识产权主体性，有利于改善产业集群的创新生态治理结构，不断优化科技集群的创新氛围，极大地提升了集群的创新能力。仍以美国硅谷为例，高技术公司和研究型大学之间的互动合作是硅谷主要的创新平台，地方政府对此也予以大力地支持。硅谷创新集群主要以斯坦福大学、加州旧金山医学院、加州伯利克分校等研究型大学为中心，大量的创业型企业集结在它们周围，仅加州旧金山医学院周围就聚集了 168 家生物技术公司。信息技术与生物技术创新系统就此形成。这些研究型大学积极参与到硅谷产业的创新活动之中，成为硅谷高技术创新集群持续创新的动力源。高技术产业创新集群能够提升高技术产业创新结构的社会适应程度性和市场弹性，硅谷产业中大量的生产技术公司和各类辅助性社会机构之间相互作用，形成了一个潜力巨大的社群网络体系，它为高科技产业集群各主体之间提供了从事企业技术创新和公司内部治理的各种创新动力和资源，从而引发了硅谷创新系统的强烈技术创新的集群效应和倍增效应。此外，产、学、研、政之间合作的深度、广度和密切度也是硅谷产业集群走向成功的重要原因。

（五）金融机构在集群创新生态治理的功能定位

由于创新实践过程中存在着较大的风险，需要金融机构如风险投资公司等的大力支持。金融机构作为产业集群科技创新网络的一个重要行动者，其作用不容忽视。其治理功能主要体现在以下几个方面：

（1）提供创新资源并改善创新环境

良好的金融支持可以促进产业集群的发展。一方面，金融技术平台支持能够促进新技术、劳动力等要素得到充分利用，解决技术更新、产能扩张及营运资金的不足，促进企业生产专业化和规模化。金融机构可以通过资金支持帮助小企业在自主创新中长大，改变自身的被动地位，获得创新的内在源动力，进而使产业集群的整体创新速度得以加快。另一方面，金融机构还能加快完善集群内的服务网络和基础设施，提升产业集群的生产运作效率和业务集聚能力。

（2）通过投资引导来避免产品恶性竞争

金融机构本身具有很强的逐利性，因此它可以协助市场机制来发挥调节作用。金融机构会对投资项目主动进行市场识别和筛选，对集群不同的企业会实施差别化的支持，这就有效地避免了集群企业间的产品同质化，恶性重复竞争得到遏制，在其引导下整个产业集群经济结构也不断优化，经济系统性风险也随之降低。另外，金融资本的进入还能促进企业的繁衍发展和公平有序竞争，随着企业的不断自我强化，集群经营的规模化水平进一步提高。

三、产业集群创新生态系统的多中心治理机制

产业集群创新生态系统多中心治理机制主要表现为自发的多中心参与和持续互动，其要实现的主要目标有三点：（1）防止多中心主体利用相互之间的契约不完全和信息不对称来谋利，降低机会主义所带来的风险；（2）防止合作者因自身利益的激励问题而扭曲双方合作行为，终止战略伙伴关系；（3）制约与调节多中心合作主体，使他们保持同步互动并有序协作，从而使整个组织行为与其战略目标相一致。与这三个目标对应，本书将其归纳为约束机制、激励机制和协调整合机制这三种不同方式的治理机制，它们都能够在一定程度上发挥对集群创新生态的治理功能，降低集群创新的风险。

（一）产业集群创新生态系统的约束机制

约束机制是对集群创新生态系统内部违约者的惩罚制度，通过使用约束机制直接对集群或者系统成员的行为做出限定，防止某些有害行为对集群的整体

性和创新能力造成破坏，诸如限制性进入机制、第三方仲裁机制、制裁机制、司法和集群内部的行业规范等。

在产业集群创新系统内，企业之间的集聚对集群创新会有促进作用，这是因为企业由于空间距离的拉近而使得彼此之间联系增多，创新传递加快，企业之间的竞争会促使企业加快创新步伐，而且集群内的协作也会给许多企业提供创新条件；由于知识的溢出效应，企业之间可以共享创新成果从而提高整个集群的竞争力。但是，如果集群内缺乏健康良性的监督约束机制，其结果可能正好相反。

企业出于延长创新成果独享期的考虑，会尽可能地防止创新信息向外扩散，这样会伤害到整个集群的发展。产业集群的一个主要优势就是信息的共享和知识的溢出效应，如果主观原因导致企业社会网络联系出现脱节，企业之间没有足够的交流和合作，最后整个产业集群的发展都将陷入危机。由此可见，无约束机制下的企业为了自身利益的最大化，会破坏集群内的创新活动的正常实施，形成了恶性竞争，其结果将是集群缺乏创新动力而陷入困境。因此，治理主体必须健全良好的行业规范和监督机制，来引导和约束企业的市场行为，这种机制分为正式机制和非正式机制这两种，正式机制主要由政府职能部门负责组织实施，而非正式机制则需要整个产业集群内部的共同参与。

（1）产业集群创新生态系统的正式约束机制

产业集群创新生态系统的正式约束机制主要是制度约束，具体包括：

①加强知识产权保护，引导企业树立品牌意识。知识产权保护作为克服经济外部性和"搭便车"的有效手段可以影响创新条件。知识产权保护主要通过增加知识产权溢出接收方的成本，影响溢出效果。知识产权保护系数越高，知识溢出效应越弱，此时将促使较多的创新能力不是非常雄厚的企业参与创新。保护企业申请专利的合法权益是政府职能部门的主要职责，能否做好企业专利权的保护工作直接影响到整个产业集群的最终创新绩效。如果一家企业的创新成果有很好的风险保护机制时，它的自主创新及创新预期收益也会得到保证，其原始创新动力自然也大大增强了。此外，政府职能部门还应该重视对品牌的保护和扶持，引导企业转变观念，大力实施品牌战略。

②规范市场机制，限制恶性竞争。产业集群创新生态系统的健康运行离不开良好的市场机制，同样企业集群要发挥自身优势就必须建立起良好的竞争运行机制。企业之间的集聚虽然能带来外部经济效应，但也很容易导致负面作用，如企业之间由于产品同质和拥挤效应很容易产生恶性竞争，从而使得良性企业被劣质企业挤出市场的"柠檬"效应现象发生。市场规范机制可以通过监督企业行为、惩罚违规企业来限制企业集群内恶性竞争的发生。这也涉及到企业内

部与外部政府监管的博弈，只有在政府制定的惩罚措施比企业冒险违规所得的利益期望大时，企业才不敢违规。这包括两个方面，首先是对违规行为发现处理的概率，另外就是制定处罚的力度。

③建立企业淘汰制度。由于企业创新能力上的差别必然导致部分企业在市场竞争中落于下风，这些企业往往是效率低下、资源匮乏，它们也最有可能成为市场秩序的破坏者。从博弈分析中看到没有创新能力的企业最终会面对被淘汰出局的威胁，为了生存这些企业将极有可能采取冒牌、仿制等恶性竞争行为。这时政府职能部门或行业协会就应该制定相应的淘汰制度，对那些已经没竞争力而可能有破坏行为的企业强制执行。高新生率和高死亡率也是产业集群创新生态系统健康运行的主要标志，落后企业的淘汰不但有利于资源的合理利用、市场秩序的维护，也利于激励企业通过创新不断提高自身竞争力，免遭淘汰厄运。

（2）产业集群创新生态系统的非正式约束机制

机会主义阻碍了集群的合作创新团队的形成，如果能通过一定的筛选机制将机会主义者拒之门外，则可大大减少创新负效应的发生。

①设立"限制性进入"的门槛。信息经济学认为信息的不对称会发逆向选择，在集群的创新网络构建和合作中，企业双方之间就存在信息的不对称问题，很多创新合作中途流产，就是因为企业不敢信任对方而造成。因此在选择创新合作伙伴时，很多企业慎之又慎，往往倾向于选择满足"一定条件"的企业作为伙伴，而"一定条件"必须具有传递信息的功能，信息经济学上称之为信号传递，而创新生态系统的进入门槛正好满足了这"一定条件"，客观上起到了信息传递的作用，因为只有那些合作忠诚度高，合作积极，具有集体主义、创新远见的企业才能进入俱乐部，那些一味依靠模仿、假冒以及搭便车的企业是很难进入创新生态系统的，也就是说创新生态系统的严格门槛限制，起到了一个传递"企业有创新能力""企业有创新远见""企业积极合作"的信号功能。因此创新生态系统内部企业之间的创新合作将更加有效，更能充分发挥集群的创新正效应。因此，产业集群可以成立创新生态系统的虚拟信息平台，并对进入的企业做出严格的规定：企业不能有任何侵犯知识产权、欺骗消费者等的不良记录；正式成员企业必须满足一定的资产规模和研发投入规模。同时满足集解成员资格的企业在被正式接纳之前要有一段严格的考察期，这说明一个集群内部的某个企业要想成为创新生态系统成员必须满足一定的资格条件以及付出一定的努力，这些条件构成了网络治理的"限制性进入"的门槛。

②建立集体惩罚机制。集群创新主体为了获得交易的长期利益而自觉遵守契约的行为以及由此导致的社会评价，一旦个别组织成员出现违约的机会主义

行为，集群的本地化沟通使得任何违约者将不可避免遭受到集体惩罚——可以终止交易关系，给违约者造成经济损失；可以使违约者的市场行业声誉贬值，声誉指数下降，甚至将违约者驱逐出集群的受益范围。无论是终止其交易行为还是市场行业声誉的贬值，都会给违约者带来巨大的损失。这种集体惩罚机制可以通过监督企业行为、惩罚违规企业来限制企业集群内恶性竞争的发生。当然，这也涉及企业与政府的博弈，只有政府制定的惩罚措施大于企业冒险违规所得的利益期望时，企业才不敢违规。下面将举例说明创新生态系统的集体惩罚机制。

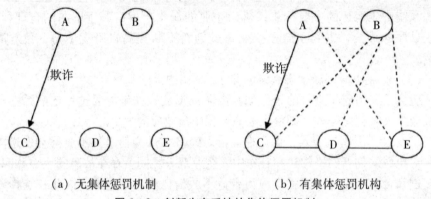

（a）无集体惩罚机制　　　　　　（b）有集体惩罚机构

图 6 - 2　创新生态系统的集体惩罚机制

如图 6 - 2（a）所示，假设 A 与 B 之间是同质企业，C、D、E 之间也是同质企业。当企业 A 对企业 C 实施了欺诈行为后，由于系统信息不畅，缺乏集体惩罚机制，企业 D 和企业 E 对此并不知情，A 企业还可以维持与 D 和 E 的业务往来。但如果系统建立了完善的集体惩罚机制之后，各企业之间形成了一个信息流通顺畅的社会网络，如图 6 - 2（b）所示。在这种情况下，如果 A 企业对 C 企业实施欺诈，很快其他企业就会看到相关记录。为避免损失，D 和 E 企业会放弃与 A 企业的业务往来，而把业务转向与企业 A 的同质企业 B，这样企业 A 就可能因为违规被淘汰出市场。当集群内企业都不愿冒此危险时，企业之间就能觉地遵守行规。

（二）产业集群创新生态系统的激励机制

激励机制是指通过对集群成员各方成本和收益的内化，抑制搭便车等机会主义行为，即通过声誉机制、收费和价格机制来让多中心主体了解违约的机会成本和协作发展集群带来的收益，收益大于成本的部分就是激励机制的激励根源。集群各创新主体资源相互依赖，价值共同创造和分享，作为"经济人"的成员各方可能会试图少做贡献而多分享价值，这些机会主义行为使集群的持续创新能力下降和核心优势丧失。治理主体根据各自的利益诉求而参与产业集群中间体组织的治理活动，可以抑制短期行为的冲动，为树立良好形象和维护良好的信誉提供较强的激励。

（1）产业集群创新生态系统的声誉机制

在产业集群的创新合作活动中，集群合作创新行为具有高度的开放性，参与主体基于技术创新的复制性、环境不确定性和技术变迁性，合作对象不可能总是某一些对象，可能会基于任务的不同，合作需要在没有合作记录的双方之间进行，这时声誉在集群创新生态系统的网络治理中就发挥了重要的作用。创新生态系统提供的虚拟信息平台由于具有声誉在线纪录的功能正好满足了这一要求，通过虚拟信息平台的声誉记录功能，一方面保证了合作主动方在寻找合作伙伴时的成本更小、更加放心；另一方面也激励和约束了任何企业，使其意识到应该注重长远利益，应该注重集群整体发展利益。也就是说，虚拟信息平台的声誉记录机制，拓宽了合作创新的空间，为技术创新提供了更多的资源选择机会，使潜在的合作对象演变为现实可以利用的资源。为了突出声誉的重要性，可以在产业集群创新生态系统内制定一种排名制度。当政府对企业进行财政支持、政策扶持和项目委托时，就可以选择一些声誉较好、排名越前的企业，排名越靠后的企业发展机会往往越小，这就形成了一套"优胜劣汰"的机制。而且在企业信息透明机制下，无论是行业协会还是政府，其重点服务对象必然只有选择那些声誉较好、排名靠前的企业。这种比较激烈的竞争形式在对集群创新负效应的治理方面具有如下三个优势：

①保证了集群企业积极创新，积极发展，从而进入一种良性循环；②加强了相互之间的监督力度，由于企业之间相互监督成本很小，同时又具有相互监督的激励，从而使投机取巧者必将无藏身之地；③充分降低了信息的不完全性，进而降低了创新惰性，这是因为很多企业进行着同类产品的研发和生产，相互之间具有比对性，一些企业将由创新惰性而导致的失败归咎于客观原因的解释将是苍白无力的。

（2）产业集群创新生态系统的收费和价格机制

①在帮助企业进行创新时，地方政府可给予技术支持，提供企业创新的人才和技术帮助。地方政府可以创造环境使得企业与大学以及其他科研机构加强合作和交流，使企业借助科研机构的创新能力来增强自己的研发能力，提高产品研发成功的概率，在提高了企业期望收益的同时降低了研发可能失败带来的损失。

②过高的创新成本使得企业无力承受和支付，将削弱其创新积极性。地方政府可给予一定的经济补贴或是政策上的优惠，降低创新投入成本，以保证企业创新后的收益大于创新前的收益，以促进企业创新动力的增强。政府通过直接性的补贴或是政策上面的优惠相当于增强了创新效率，由于降低了创新条件的下限，放宽了创新条件，将直接刺激所属企业进行率先创新。

（3）提高主体资源的异质性来促进产业集群创新

主体资源的异质性主要指群内各创新主体在地域文化、知识背景上的异质性；群内企业在生产效率、产品创新方面的异质性；各机构对技术前沿、市场环境的理解上的异质性。产业集群发展的初期，产业群系统处于远离非平衡状态，企业不断的进入，新技术不断的开发，大量的资金、专业人才被吸引到集群中来，基于产业集群各主体的异质性，集群内企业之间相互学习，产生知识的外溢，产业集群系统提供大量的负熵，系统不断向有序化发展。而当集群进入到成熟阶段，基于"强关系"的人际网络降低了群内人才在地域、文化、职业等方面的异质性；产品的过度模仿，技术的外溢效应，降低了企业之间在生产效率、产品创新等方面的异质性；社会各主体之间基于地缘文化的相似，降低了集群各主体之间的异质性，使产业集群系统趋于平衡态，由此可能导致简单模仿、产品雷同和恶性竞争。按照耗散结构理论，通过异质性主体之间的不断交流，以及信息充分共享，可以为产业集群系统提供大量的正能量，从而优化产业集群系统的资源配制，因此区域产业集群加入全球价值链后，由于全球价值链的开放性，区域集群内部的企业除了可以与群内企业实现竞合，也可以与价值链中的群外企业实现交流和合作，从而达到了主体资源异质性的目的，此时当产业集群系统面对外部风险时便可以采取不同的解决办法，增加系统的成功可能性。

（三）产业集群创新生态系统的协调整合机制

协调整合机制是指集群创新主体之间得以相互接触，实施对资源、技术成果和知识经验的共享，形成相互的信任，使得各治理主体在治理目标上达成统一。协调机制包括知识交流和共享机制、文化机制、技术标准化、信任机制等。

（1）产业集群创新生态系统的知识交流与共享机制

集群各创新主体之间的知识交流与共享是提高集群竞争力的关键，因此应构建有效的知识交流平台和集群内知识共享库。

①组建各种集群信息网络。政府要组织、建设和维护各种关系网络，并在一定区域内形成较高的知名度。例如，政府出面举行定期的和不定期的、正式的和非正式的信息交流活动，由各方有影响力的人士参加，并为各种聚会提供

场所，促进产业集群内商业网络的形成与发展；在条件成熟时，由地方政府组织、多方出资进行计算机系统的联网，形成信息网络；地方政府向产业集群网络输送、发布与创新相关的信息，引导网络中的企业、大学和科研机构向最有利于整个网络发展的方向网结，形成研究网络。

②增强集群内外部联系，积极有效地推动知识共享。一方面，国家要鼓励、支持公共研究资源的开放，围绕地方产业集群来建设国家和区域创新体系，并为产业集群的升级提供创新支持政策；另一方面，地方产业集群要主动将各方面的创新资源向区域集聚，使创新成为产业集群发展的推动力。此外，地方产业集群要提升产业集群网络的开放学习能力，积极推动大学或研究机构在基础科学和应用科学等方面的研究，加强对高级技术人才和管理人才的培养。地方政府在其他政策和法规、财税制度方面提供适当优惠等。同时产业集群也要提高微观主体——企业的整体学习能力，增强产业网络的"根植性"和开放性，使企业能够在充分的交流与互动中利用集群内外的网络联系获取知识和信息，促进创新的产生。

（2）产业集群创新生态系统的文化机制

政府要培育产业发展的软环境，加强国内集群的制度、文化等环境建设，完善法律法规，减少机会主义产生，为价值的保持和创造提供好的文化环境、制度保证。制度设计保证集群内企业的有序竞争与合作，以防止价值实现的空间被本土集群间的恶性竞争压榨。对集群嵌入全球价值链环节进行指导，防止同类集群的无序竞争，实现集群在全球价值链中定位多元化，改变各集群在价值链中嵌入的位置和组织方式，实现异质互补，为产业群优化升级扫除障碍。例如，可以通过文化环境（包括人们的文化水平、心理素质、价值观念、社会风气等）的建设增强网络关系的稳定性和根植性，为集群升级提供良好的产业发育氛围；通过支持机构环境（金融机构、行业协会、法律事务所、会计事务所等）的建设为企业经营提供支持和推动各种优惠条件来增加网络动态性，促进产业的技术互动交流与共同发展。

（3）产业集群创新生态系统的技术标准化机制

政府要从制度层面上促进产业集群网络的升级。国家要提供便捷地进口渠道，消除出口偏见、排除不稳定和间歇式的出口政策，需要提高进出口机构的运转效率，打破各种贸易壁垒。政府还需建立全球产业组织对话平台，帮助地方产业集群的企业在原料标准化、产品质量标准化、技术流程标准化、环境保护标准化各方面达到世界先进水平。另外，政府应该积极鼓励行业协会、商业协会的建设，通过行业协会或商业协会协助网络内企业快速、便捷地获取知识和信息。地方政府还应该通过建设相关培训部门、技术中心等专业配套服务部门来为产业网络内企业提供技术能力的帮助,为产业网络的持续升级提供制度保障。

(4)产业集群创新生态系统的信任机制

产业集群是植根于地方中的产业网络,共同的文化有助于形成基本的共同行为规则,使相互间的交易行为具有可预期性。使企业间行为意图能较好被理解和估量,并及时沟通、交流,使交易各方了解对方的策略,共同促进企业之间的信任。协调整合机制下的交流、共享、信任的集群文化提高了产业集群内企业的敏捷性,较高程度的信任促进各方主体灵活、及时地行动,按时交货、按时付款、保持高质量、信守口头或正式契约,减少不必要的摩擦与矛盾,减少处理纠纷的时间耗费,减少群内企业间的交易成本。协调整合机制使集群内企业间信息沟通更有效,集群成员之间的合作抵消了合作目标异化导致的交易成本,而企业对详细契约和完善监督依赖程度的降低直接减少了交易费用,提高了合作关系的运作效率,使企业间合作更容易、交流沟通更便捷、知识流动更迅速,这有利于加速形成企业之间的技术传递链条,降低创新的风险,促进合作创新,减少创新过程中的冲突,尤其在竞争性企业合作创新中,较高的信任度使创新收益分配更加公正,进而形成更有效的创新利益激励机制,提高创新的效率。同时,集群中多中心主体往往通过长期利益和风险共享来维护和巩固信誉,使合作变得安全可信,而集群文化中良好的沟通信任机制一旦树立并得到维护,反过来为实现长期交易和长远利益的分配提供了重要保证,实现了合作行为,促成了组织间的协调。显然,长期利益、信誉合作和协调机制能使产业集群的运行形成一个良性循环、相互强化的局面。

第七章 滇中新区生态产业集群创新因素 分析

2015 年 1 月，习近平总书记考察云南时提出："希望云南主动服务和融入国家发展战略，闯出一条跨越式发展的路子来，努力成为民族团结进步示范区、生态文明建设排头兵、面向南亚东南亚辐射中心，谱写好中国梦的云南篇章。"为深入贯彻落实习总书记在云南考察工作时的重要指示精神和党中央、国务院关于支持云南省经济社会加快发展的一系列重大部署，促进云南主动服务和融入"一带一路"、长江经济带、孟中印缅经济走廊等国家区域发展战略，加快建设我国面向南亚东南亚辐射中心，党中央、国务院和云南省委、省政府从战略全局出发，提出规划建设滇中新区。滇中新区从谋划到实践，从省级战略上升到国家战略，经历了较长的探索过程，凝聚了党中央、国务院的殷切期盼，凝聚着全省人民的集体智慧和全体新区人的不懈努力。2012 年 10 月，《云南省人民政府办公厅关于成立滇中产业新区规划建设领导小组办公室的通知》印发，滇中产业新区规划建设领导小组办公室正式成立。

2013 年 1 月，《国家发展和改革委员会关于印发云南省加快建设面向西南开放重要桥头堡总体规划（2012—2020 年）的通知》正式印发，明确提出"规划建设桥头堡滇中产业聚集区"。

2013 年 3 月，《中共云南省委 云南省人民政府关于建设滇中产业聚集区（新区）的决定》正式印发，标志着滇中产业新区建设正式拉开序幕。

2014 年 4 月，云南省委、省政府出台《中共云南省委办公厅 云南省人民政府办公厅关于建立滇中产业新区管理体制的意见》，《意见》从总体要求、管理体系、管理权限等方面明确了滇中产业新区管理体制的建立。

2014 年 6 月，国家五部委联合批复《云南省滇中产业聚集区发展规划（2013—2020 年)》，规划定位新区的发展方向为桥头堡建设的新引擎、外向型特色产业基地、对外开放的试验区、产城融合的示范区、科技创新的引领区、绿色发展的样板区。

2015 年 9 月，国务院正式批准设立国家级云南滇中新区，滇中新区成为我国第 15 个国家级新区，批复明确将新区作为国家实施"一带一路"倡议、长江经济带建设等重大区域发展总体战略的重要举措，打造我国面向南亚东南亚辐射中心的重要支点、云南桥头堡建设重要经济增长极、西部地区新型城镇化综合试验区和改革创新先行区。

2015 年 9 月，国家发展改革委印发《云南滇中新区总体方案》，明确建设好新区对于推进实施"一带一路"倡议、长江经济带建设，为西部地区新型城镇化建设提供试验示范，培育壮大区域经济增长极具有重要意义。

2015 年 10 月，云南省委第 124 次常委会研究并通过了《关于云南滇中新区管理体制的意见》，提出建立"省级决策领导、新区独立建制、市区融合发展"的管理体制，正式明确昆明市和滇中新区"市区融合发展"的思路。

2015 年 12 月，滇中新区召开干部大会宣布省委决定，标志着滇中新区领导班子成立。

2016 年 3 月，云南省委、省政府办公厅印发《关于云南滇中新区管理运行机制有关事项的批复》，明确滇中新区对嵩明杨林经济技术开发区、昆明空港经济区、安宁工业园区、安宁职业教育基地、安宁太平新城、嵩明职业教育基地和滇中产业发展集团、空港投资公司实行直接管理。新区范围内的农业农村、城市管理工作和教育、文化、卫生、民政、就业、社保、综治维稳、安全生产、市场监管、运政管理等社会管理职责由昆明市承担，按属地管理的原则，具体由安宁市、嵩明县和官渡区负责。2016 年 3 月，滇中新区党工委、管委会举行揭牌仪式，标志着滇中新区开启了大开发、大建设、大发展的新征程。

一、滇中新区生态产业集群发展现状

2015 年 9 月 7 日，国务院印发《关于同意设立云南滇中新区的批复》（国函〔2015〕141 号），云南滇中新区正式成为全国第 15 个国家级新区，明确将新区打造成为我国面向南亚东南亚辐射中心的重要支点、云南桥头堡建设重要经济增长极、西部地区新型城镇化建设综合试验区和改革创新先行区，新区规划建设上升为国家发展战略。按照这一战略定位，云南省委省政府提出了"一年打基础、三年见成效、五年大跨越"的目标任务。同时，为适应滇中新区功能定位、发展规划的变化，省委办公厅、省政府办公厅印发了《关于云南滇中新区管理体制的意见》，构建了"省级决策领导、新区独立建制、市区融合发展"的管理体制，为新区在新的起点上深化改革、创新驱动、加速发展奠定了坚实的体制基础。

2020 年，习近平总书记时隔 5 年再次考察云南并发表重要讲话，充分体现了对云南的高度重视和殷切期望。习近平总书记的重要讲话，是对云南战略地位的再提升、发展方向的再明确、工作要求的再强化。习近平总书记考察云南时对云南提出的"一个跨越""三个定位""五个着力"的要求和云南在全国发展大局中具有"四个突出特点"的重大判断，同近年来对云南工作作出的一系列重要指示批示精神，一脉相承、紧密联系、相互贯通，深刻阐明了事关云南、昆明发展的一系列方向性、根本性、原则性问题，为新时代滇中新区发展进一步指明了方向、增添了力量、赋予了更大使命，为未来做好滇中新区一切工作提供了根本遵循和行动指南。

从全球层面看，全球新一轮科技革命和产业变革正在孕育兴起，智能经济、健康经济、平台经济、共享经济等新经济形态蓬勃发展，产业不断深度跨界融合，尤其是疫情防控推动了许多新产业新业态快速发展，新型基础设施、数字经济、生物医药、大健康等领域正涌现新的增长点。

从国家层面看，我国有独特政治和制度优势、雄厚经济基础、巨大市场潜力，亿万人民勤劳智慧，经济抗风险能力强，经济长期向好的基本面没有改变，特别是构建以国内大循环为主体、国内国际双循环相互促进的新发展格局为新区带来了难得的历史性机遇。"一带一路"倡议持续推进，孟中印缅经济走廊加快建设，中国—东盟自由贸易区升级发展，区域全面经济伙伴关系协定（RCEP）正式签署，中欧投资协定谈判如期完成，长江经济带、西部大开发、新型城镇化和乡村振兴协同推进等战略深入实施，西部陆海新通道总体规划加快推进。

从云南省层面看，全省深入推进"五网"建设，大力发展"58"重点产业和打造世界一流"三张牌"，云南省委、省政府明确提出"到2025年，全省工业增加值占地区生产总值的比重明显提高"的目标，中国云南自由贸易试验区加快建设，滇中城市群发展规划获得国家同意实施。云南省委、省政府明确要求昆明成为云南经济社会发展排头兵、火车头，昆明全力推进区域性国际中心城市建设，长水国际机场改扩建工程启动，入选国家物流枢纽承载城市，国家服务业综合改革试点和中国昆明大健康产业示范区深入推进，市区融合空间和潜力越来越大。

2020年11月，云南省委、省政府印发《关于支持滇中新区深化改革创新加快推动高质量发展的实施意见》，滇中新区作为我国面向南亚东南亚开放的大通道、大窗口、大平台的地位更加突出，交通运输网络体系更加完善，综合承载能力更加强大，发展将面临难得历史机遇。

滇池径流区域以外的安宁、易门、禄丰、楚雄四县市（西区）和滇中城市经济圈中位于昆明东部的嵩明、寻甸、马龙三县（东区），利用丰富的低丘缓坡土地和较好的交通、能源和产业等基础条件，规划建设新区。以加快转变经济发展方式为主线，以改革创新体制机制为突破口，以产业园区为载体，按照"产业带动、组团发展、产城融合"的要求，统筹整合优势资源，采取有力政策措施，全力打造高新技术产业、战略性新兴产业高度聚集发展和特色鲜明、配套完善、绿色发展、国际一流的产业新区，形成全省技术创新的新高地，投资创业的新热土，外向型特色优势产业的新基地，改革开放的新窗口，品质优良的新家园，成为我国面向西南开放重要桥头堡建设的新引擎、承接产业转移的新示范、实现全省跨越发展的新支撑。

滇中产业新区将依托中缅油气管道，坚持炼化一体化的原则，通过园区化、集约化的发展模式，重点发展以炼油、乙烯生产为龙头，发展清洁油品、合成树脂、合成橡胶、合成纤维、专用化学品和基本有机原料，最终形成 2000 万吨炼油和 100 万吨乙烯、100 万吨 PTA 的石油化工基地。

滇中产业新区将优化提升钢铁产业。加快发展型材、板材、带材，开发各类合金特种钢材和钛合金钢系列产品。建成面向全省和周边地区的重要钢铁基地，全面提升新区钢铁产业综合竞争力和可持续发展水平。

此外，还将开发面向航空、国防、冶金、医疗卫生和体育用品等领域的系列产品，建设年产 80 万吨钛精矿、30 万吨钛白粉、4 万吨海绵钛、3 万吨钛材的生产能力，将滇中产业新区建成为我国钛材新材料研发和生产的重要基地，滇中地区建成全国三大钒钛资源综合利用基地之一。

充分利用云南省硅、锗、铟等光电子基础材料资源优势和军工领域光电子技术积累，加快培育和壮大光伏发电设备、远红外成像设备、光机电一体化设备、LED 节能照明及配套产业。着力构建从光电子材料到器件、整机、系统和配套加工装备的全产业链的电子产业城。

滇中产业新区将着力引进国际国内农产品加工的大集团、大企业，推进一批特色农产品加工重大项目实施，全力打造"丰富多样、生态环保、安全优质、四季飘香"四张名片，大力提升农业开发综合效益，有效促进农村经济发展和农民增收。重点抓好昆明南亚国际陆港物流园、安宁国际物流园、新亚美谷物流园、产业新区保税物流园、楚雄综合物流园等物流园区建设。

二、滇中新区生态产业集群发展的影响因素分析

由于集群内企业所需的原料具有类似性，当集群发展到一定程度，会造成对该地区资源的过度开采，使资源供给匮乏。同时，集群内企业排出的污染物也具有类似性，长期将污染物排放在聚集区域内会造成集群所在地的集中污染。对于滇中生态经济区的发展来讲，生态产业集群的建立，势在必行，迫在眉睫。生态产业集群的发展与普通产业集群的发展相比有共同点，也有不同点。其共同点主要表现在一定区域内的大量企业都是建立在相互信任基础上的一种网络

组织。

滇中生态产业集群与普通产业集群的不同点主要表现在以下 4 个方面：

（1）企业目标不同

普通产业集群的主要目标就是尽可能的产生经济效益，而滇中生态产业集群的目标是既要产生经济效益，又要保护好周边环境，是一种经济与环境的双赢模式。

（2）形成的机制不同

滇中生态产业集群的形成是由政府主导，由政府经过规划、布局，指定相应企业进入园区，其他共生或者衍生企业由政府引导或者自然聚集进入产业集群园区。普通产业集群大多则是自然集聚，相同、相类似的行业自由汇聚成产业集群。

（3）资源利用类型上的不同

普通产业集群大多是一次性单一型资源利用，滇中生态产业集群采取循环资源利用模式。

（4）发展路径的不同

普通产业集群大多为资源消耗型发展，而滇中生态产业集群为可持续性发展、绿色发展。

总之，与传统产业集群相比，滇中生态产业集群在追求目标、运行规律、资源利用、产业选择、外部效应、功能结构、可持续发展能力等方面都有突破，希望能从本质上改变传统产业集群的运行模式，对传统产业集群的经营思想进行革新，提高传统产业的生产效率，改善传统产业的生态环境，强调产业集群中的人性尊严，是顺应人类多层次需求和可持续发展的产业发展模式。基于中外学者对生态产业集群的描述，最后将其影响因素按内部、外部网络划分归纳为：公共管理因素、智力支持因素、其他外部因素、内部影响因素。

鱼骨图是一种找出问题的所有原因的创新方法，被广泛用于技术、管理领域，它看上去有些像鱼骨，问题或缺陷（即后果）标在"鱼头"外，在鱼骨上长出鱼刺，上面按出现机会多少列出产生生产问题的可能原因。鱼骨图有助于说明各个原因之间如何相互影响。它是一种透过现象看本质的分析方法，又叫因果分析图。层次分析法，是对定性问题进行定量分析的一种简便、灵活而又实用的多准则决策方法。本书选择鱼骨图法和层次分析法能使复杂的生态产业集群发展的影响因素变得清晰、有层次，并运用定量的方法计算出各主要影响因素以及它们的影响权重（如图 7-1 所示）。

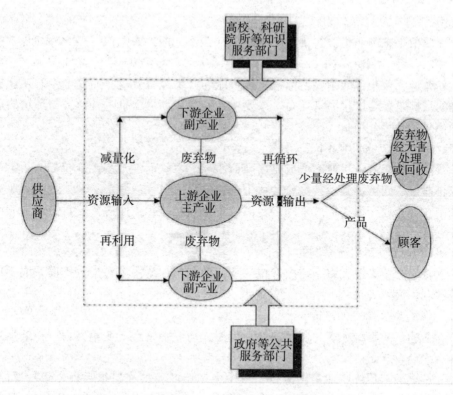

图 7 - 1   鱼骨模型——生态产业集群发展影响因素

（一）外部影响因素

滇中生态产业集群外部网络影响因素，包括公共管理因素、智力支持因素、其他外部环境因素。

（1）公共管理因素

①地方政府主导、调控能力。我国目前生态产业集群或者生态产业园的形成大多数是由政府主导完成，地方政府在经过周密地规划后，有计划地、有选择性地引进主体（上游）生态产业进入生态产业集群园区，然后再有针对性地引入或者准入可充分利用废弃资源的下游共生企业，逐步形成生态产业集群或者生态产业园。地方政府是生态产业集群发展中的有形之手，不但主导生态产业集群的形成，还对生态产业集群起着调控作用。地方政府在产业集群的发展中应该是一个服务角色，为产业集群发展做出应承担的贡献，以弥补市场自身的缺陷与不足。在市场机制能够发挥自身功能，资源配置运行良好的情况下，地方政府就不要再进行干预。市场机制恢复应该是政府干预的首要目的，而不

是替代市场干预，如上所述，我国目前生态产业集群的形成，大部分还是依靠地方政府的主导，自发形成生态产业集群的环境还不够完善，产业集群市场调控也还是由政府主导完成，现阶段，政府主导、调控产业集群的方式将长期存在，并且将发挥最主要的作用，但是由于政府主导、调控因素不太容易指标化。

②政府监督。政府监督职责包括两个方面，一个方面是加强监督管理，维护市场的经济秩序，严把产品质量关，制止和防止任何"制假贩假"等危害集群形象、影响集群发展的现象发生，建立良好的信用环境；加速发展循环经济，倡导绿色输入、绿色生产、绿色消费。做到节水、节电、节地。与此同时，加大对生态产业区的保护力度，拟定合理的环保综合治理计划。在产业集群内全面施行生态理念，构建生态文明，建立资源节约型、生态文明型产业集群。另一个方面，政府要实现生态产业集群的可持续发展，必须将制度和法律作为保障手段，促进产业集群内企业的良性发展，避免恶性竞争。在生态资源的使用上避免使用竭泽而渔的手段，摒弃粗放式经营带来的环境恶化、资源枯竭和产业链条断裂的危险后果，一是对进行污染治理的生态企业提供资金支持和适当的政策倾斜，可利用减少或者免征税费等手段鼓励对污染进行治理的生态企业；二是对不进行污染治理的企业，进行加征税收，加大处罚力度等手段，促其整改，主动树立污染治理意识。总之，政府监督对维护生态产业集群市场经济秩序、维护生态产业集群的生态化具有不可替代的作用，政府需要加强对集群监督机制的制定及持续深入的贯彻执行。

③政府服务能力。政府服务的目的就是为了能够使滇中生态产业集群能够有序发展，为生态产业集群健康可持续发展提供各种有效保障。其一是制定和完善对生态产业集群发展相匹配的考核评估办法及激励措施，其中包括对企业的考核评估办法及激励措施，还有对企业生态化的考核评估指标、评估办法、激励奖惩措施等。其二是按照生态产业集群的生态导向研究制定严格的产业准入、产业退出等政策和指南，为生态产业集群的形成提供政策依据和政策保障，这也是现阶段我国生态产业集群形成的最重要保障之一。其三是针对生态产业集群内部不同类别的企业分别实施相应的政策。其四是政府对集群内企业提供水、电、园区土地等资源类服务、资金支持服务、信息化服务、道路运输服务、学校和研究所等研究机构的治理支撑服务等一系列的公共资源服务，这是构建生态产业集群的基础。政府的服务目的是构建起服务于生态产业集群发展的社会服务体系。引导成立专业的生态行业、企业协会，提供信息服务、金融服务以及其他专业化服务，为生态产业集群创造公平、有序的外部条件。

④政府规划。政府要秉持公平原则，维护社会公平。对一些生产工艺落后、产品陈旧、生产粗放、资源消耗大、污染严重的企业，应施行清退制度；对于

那些可有效转移的行业企业可实行产业扶持或援助。对于骨干行业企业，若缺乏一些必要资源的，可适度划拨资源，助其更好、更快地发展。对于一些生产工艺先进、资源消耗小、生产低碳、能够持续、集约型发展的企业，要重点扶持，重点发展。对一些生产工艺落后、资源消耗大的企业可通过一些手段进行工艺改良，推动企业升级，由污染企业过渡到生态企业，促进企业节能减排，否则则予以坚决清退。通过政府的科学规划，营造良好的氛围，帮助集群内企业树立生态意识，树立低碳意识，推动企业主动进行技术创新，提高企业产能，减少对环境的破坏，最终实现经济与生态的协调发展。

（2）智力支持因素

①知识服务能力。生态产业集群在发展过程中，高校和科研院所由于科研人才相对集中，相应的研究成果和知识较为丰富，会产生知识溢出效应，地方政府、不同的企业、都具备知识服务的能力。这里指的知识服务能力包括多层次、多种类、多个主体。具有多产业综合性的特点，具有复杂性和隐含性等特征。因此，地方政府、集群区域、企业、高校科研院所各层次均应围绕生态产业集群的特点，加强生态知识行为的服务和平台建设，促使生态产业集群内知识转移渠道多样化，提高各主体的知识服务能力，最终提高知识转移的准确性和高效性。

②知识创新能力。知识创新为生态产业集群的发展提供了大量的新材料、新工艺、新能源和新途径，这就使产业集群内污染减少、变废为宝、联合优化及提高效能提供了可能。企业间地理位置上的相互临近，相同的地方文化传统，形成了相互间的信任和频繁的信息交流。产业集聚区内的企业可免费获得有关供应商、客户、竞争者的相关信息，可迅速使得地获得相关技术知识溢出，从而节约新产品、新工艺开发的费用，加快新技术的扩散。

③人才供应。国家要发展，主要靠人才。一个行业要发展，主要也是要靠人才。滇中生态产业集群要发展，还是要靠人才，没有合格的人才，生态产业集群的快速高效发展就是无根之木。这就要求一方面省内高校、科研院所为生态产业集群内企业输送专业人才、提供专家咨询、并与生态产业集群内企业展开合作，进行协同创新；另一方面集群内企业也为学校提供了学生实践基地和工作岗位，为科研院所提供了成果转化平台及实训基地，实现多方共同获益，集群所在省份的高校应围绕高校社会服务、人才培养的职能，有针对性地为生态产业集群内有发展前景的上游、下游生态企业提供合格的高素质、复合型人才，高校和科研院所的专家也要围绕生态产业集群内企业需要突破的技术，与企业联合攻关，为生态产业集群内企业的发展提供智力和人才支撑。

④知识转移效果。知识转移是生态产业集群产业共生关系形成与可持续发

展的关键。现阶段，生态产业集群内知识转移的目的主要有三个方面：一是为了享受政府关于生态保护的财政、税收等优惠政策；二是核心企业的废弃物作为外围企业的生产原材料，可使核心企业降低污染治理费用，外围企业降低原材料成本；三是有利于企业可持续发展，维持与其他集群主体生态产业共生的连续互惠关系、提高声誉、提升网络地位和权力等。在此背景下，企业应积极参与产业集群的建立，辨识产业集群间影响知识转移效果的各类因素，从主体、客体、情境等方面入手，探求不同因素对知识转移效果的作用，掌握因素之间的复杂交互关系，以此为基础对各因素进行管理和控制，有效地实现产业集群内组织间的信息交流、知识传播与共享，加速对内外部知识的融合与创新，为企业发展提供智力支持，为产业集群的发展提供源源不断的动力。

（3）其他外部因素

①资源输入。传统产业集群在资源输入、使用过程中虽然也会遵循自然规律合理的分配和利用资源，但基本不考虑环境因素，以追求效益最大化为目标，资源以一次性利用为主，废弃资源直接排放。资源输入过程是一个迅速消耗的过程，以致资源迅速耗竭，环境不断被破坏。而生态产业集群除了像传统产业集群遵循一般自然规律对资源进行合理分配和利用之外，还特别强调遵循生态规律，合理转变资源利用方式。除了追求利益的目标外，环境保护也被放在了同样重要的位置上。生态产业集群的资源投入、一般包括经济投入、教育投入，环境资源投入等，还和环境因素、政策因素、产业结构因素、社会发展因素、文化因素等相关，是一个庞大的，综合了多方因素的投入体系。

②资源输出。在短期内，普通产业集群企业输出的产品能够给企业带来大量的经济效益，同时，也产出了大量的废弃物，不仅造成浪费，也污染了环境。这些废弃物对环境的破坏需要在今后用更多的经济收入来弥补，甚至是不可弥补的。生态产业集群在资源输出的过程中，不但能输出产品，而且上游企业的废弃物成为下游企业的可利用资源，废弃物也得到了有效利用，使综合效益最大化。生态产业集群的资源输出包括了几重环节：第一，上游企业对外的资源输出，一般以产品的形式出现。另外，上游企业对副产品或者废弃物提供相应工艺的加工，使副产品成为下游企业产品的原材料，为下游企业进行资源输出。第二，下游企业对外的资源输出，作为产品对外销售，进行资源输出，另外，下游企业有可能会产生一定的废弃物，该废弃物为终端废弃物，几乎不可再利用，这也是一种输出，是一种对环境保护有负面影响的输出，所要对上下游企业的副产品和废弃物进行相关的工艺加工，使产品能够循环再利用，或者分解成为对环境无害的产物。在以获取经济利益为目的的产品资源输出的同时，减少废弃物的资源输出，保护环境。

③信息、金融服务机构。生态产业集群内建立信息服务机构也是影响产业集群的重要因素之一。建立有效的信息服务机构可以是集群内各单元之间的信息有效共享，降低集群内部的信息不对称。如政府与产生废弃物企业之间的信息不对称；下游企业与产生废弃物的上游企业之间的信息不对称；生态产业集群内企业与科研院所之间的信息不对称等。这些信息的缺失会给生态产业集群正常运转带来负效应，增加生产成本，降化资源的利用能力等，也会导致政府对集群内生态企业难以正确的评估和管理。生态产业集群的良性发展除了政府出台一定的鼓励保护生态的财税政策外，灵活多样的金融服务机构也是政府助推生态产业集群发展的强劲动力，完善灵活的投融资机制，可推动生态产业集群发展。鼓励地方金融机构创新金融工具为企业服务，推进各类风险投资机构的发展。

（二）内部影响因素

（1）产业选择

首先，通过实地调研和考察，充分获取需要建立的生态产业集群的自然环境资源、经济基础、要素禀赋、人文环境、产业优势、社会资源、政府环境、地理位置等综合信息，并总结所在区域的优势和劣势。其次，即使是生态产业集群，集群环境的输入输出能力和荷载能力都是有限的，应根据"阀限约束"的原则来分析和计算生态产业集群的环境、规模容量和最优的密度。生态产业集群是利用集群优势，在环境上，人、财、物的强势集聚，它能够迅速提高物流、资源流、信息流的密度和频率，也必然能够对生态环境产生较好的保护作用。只有在了解生态产业集群环境、规模容量的基础上，对生态产业集群发展的规模和进入的主要产业进行设限，才能保持其自身对资源的索取和废弃物的排放限制在生态环境的承载能力范围之内。最后，政府依据产业部门的关联程度、区域产业禀赋来确定建设何种类型的产业集群，使生态产业集群的规划与建设更科学化，产业集群的管理更具针对性，对集群内企业之间的物质、能量、信息的循环流通进行系统科学的规划。现阶段，生态产业集群的主导产业大部分还是由政府主导选择，主导产业是生态产业集群的最重要部分，根据主导产业的选择，相关下游企业选择进入集群，或者由政府选择相应下游企业准入进入生态产业集群形成共生产业链，产业的选择对区域经济发展和生态保护至关重要，如果引入高能耗、高污染企业成为主导企业，那么生态产业集群的建立就无从谈起，或者说，主导产业的副产品不利于形成下游企业的原材料，同样也不利于生态产业集群的形成。

（2）循环理念

在现阶段，科学发展原则是资源使用的减量化、再利用、资源化再循环。科学生产的基本特征是低消耗、低排放、高效率。也就是所谓的"3R 制造"的概念，即减少原料、重新利用和物品回收。实现经济系统与环境之间的物质平衡。追求 3R 的最终目标是实现循环绿色经济，即只用少量的自然资源就能满足经济社会发展的需求。生态产业集群之所以成为生态产业集群，循环理念就是其核心价值追求，也是生态企业的基本遵循，循环理念也是本书引用的最根本理念之一，建议政府、企业、社会等各主体能够利用循环理念，在该理念的指导下最大限度地延伸产品链，最大限度地提高能源利用率，最大限度地降低原材料消耗，优化集群产业结构和合理配置相关资源，从而建设一个高效的、循环的、可持续发展的生态产业集群。

（3）共生模式

工业共生是指不同企业之间的产业技术合作，通过这种合作，提高合作企业的生存和获利能力，同时，通过这种共生实现资源节约和环境保护，在这里共生模式这个词被用来说明相互利用副产品的工业合作关系。生态产业集群的发展模式与自然界不同生物之共生模式相似，企业管理系统为中枢和指导，企业内部生产系统形成生态链条，企业外部的其他企业、政府、市场、消费者、中介机构等社会单元相互协调、共同发挥作用，构成生态共生体系，如各个主体企业间信息的交流与共享；上游企业废弃物成为中下游企业的生产原料；政府发挥其功能为企业生态化提供政策和法律依据等等，进行科学合理的规划，构建起有效的工业共生机制。依据滇中生态经济区的资源禀赋与产业特点，按照共生原理，加强对生态产业集群的产业规划与产业改造，建立"互利共赢、相互信任"的循环和共生机制，构建相互合作、相互依存的沟通协调机制和可进行风险预判的反馈机制，有效地推动生态产业集群内上下游企业的良性互动与快速发展。

（4）环境维持

生态产业集群与普通产业集群最大的不同点就是集群发展目标不同，生态产业集群发展的目标是获得经济效益和环境维持的双重收益。但环境维持和经济发展并不能同时达到最优，甚至会出现相互制约的情况。生态产业集群的出现就是要从根本上解决好环境污染的问题，要进行末端服务的创新，一方面，上游企业不直接用粗放式方式，如填埋或者焚烧来处理废弃物和副产品，而是通过相应的工艺，对企业生产出的环保废弃物和相关副产品进行加工，为下游企业提供副产品服务，减少对环境的污染；另一方面，下游企业利用好上游企业提供的副产品服务生产产品，再对产生的废弃物和副产品进行无害化处理，争取在整个过程中将对环境的破坏和污染减少至最低，甚至能够达到"零"，从而从根本上解决好环境保护问题，获得环境与经济尽可能的最大效益。

（三）生态产业集群服务创新影响因素

1. 政府等公共服务部门对生态产业集群的服务

政府的对生态产业集群的服务就包括资源投入、政府主导调控、政府服务能力、政府监督、政府规划等几个方面，政府主导调控。政府通过对区域产业禀赋情况的研究，选择合适的主导产业构成生态产业集群的上游企业，并且适度地引进共生产业链的下游企业、补链企业形成生态产业集群，政府在选择什么项目作为当地的重点产业上，要深入调研，摸清情况，进行必要的专家论证，力求选准选好。政府要强化抓重点产业的龙头意识。在招商引资、鼓励民间投资时，突出重点产业地位，引导投资主攻方向；提供各种经济优惠政策吸引投资，促进主导产业发展。在市场机制失灵或者不完善的时候，发挥调控功能对生态产业集群的健康发展提供宏观调控服务。政府对生态产业集群的服务主要包括对生态产业集群的政策服务、经济服务、生态产业集群的公共设施提供。政策服务主要是围绕生态产业集群发展的相关政策，包括企业管理办法，鼓励企业生态化的政策，生态保护政策，生态补偿政策，污染处罚政策，指导生态工业、生态农业、生态服务业等行业发展规划与管理办法等，对生态产业集群的经济投入、教育经济投入，金融机构对生态产业集群的经济投入等；公共设施投入，公共设施包括水、电、土地等资源，还包括交通道路、信息网络服务、金融投资机构、污染治理设备等。政府监督指的是对生态产业集群企业运行进行监督，提供合理、公平、科学的生态产业集群发展环境，另外一方面，对集群内环境保护进行监督，通过制定激励、惩罚措施，加大监管力度，促进生态产业集群在发展的同时注重对环境的保护。政府规划则是为生态产业集群进行科学谋划，合理布局。对集群内一些工艺较为陈旧、产品相对落后、生产方式粗放、对资源消耗过大、并且造成严重污染的企业，及时采取清退措施；对于可进行工艺升级、生产方式转型、有提升空间的行业企业可实行产业扶持或援助，促进技术革新，帮助企业转型升级为生态友好型企业。对产品工艺新、产品有竞争力，创造力强、资源消耗小，污染小或者无污染的低碳型企业进行大力扶持，以政策、经济投入等方式加大对该类企业的支持力度。

2. 高校、科研院所等智力提供部门对生态产业集群的服务

高校、科研院所对生态产业集群提供的服务有知识服务、知识要素转移、知识创新、人才供应四个方面。生态产业集群要保持产业集群的竞争力，同时要进行环境保护，集群内的知识转移是关键。与普通生态产业集群不同，普通

产业集群一般只是追求经济效益的最大化，企业间都是追求从其他企业或者高校科研院所获得新的知识，依靠技术知识的外溢。而生态产业集群，由于是在集群内是生态化的共生关系，在追求经济效益最大化的同时，对环境保护也有着严格的要求。与普通生态产业集群内知识交叉转移不同的是，由于这种共生关系的存在，生态产业集群知识转移的双方要进行更为紧密复杂的联系，例如，生态产业集群内企业与高校、科研院所等共建实验室、共建技术攻关平台，双方人员互相聘任等，企业间共同建立技术项目，互派技术力量，并不仅仅只是依靠技术知识的外溢，而是要建立起更为紧密的知识共享渠道。也正是由于这种互利共生的关系，与普通产业集群强调从知识转移中获利不同，生态产业集群的知识转移更强调双方互利共赢。高校、科研院所与生态企业之间要合力构筑起产学研的桥梁，依托大学科技园，提升集群企业的科技创新能力，共同建立科研平台，共同承接科研项目，共同进行技术攻关。高校、科研院所的知识创新要落地，要为企业服务，知识要能够转化为企业的生产力，要形成先进的工艺为企业技术升级服务，为企业生态化服务，为区域环境保护服务。一方面，高校为企业提供合格的复合型创新型人才，能够为企业提供源源不断的科技人才支持；另一方面，企业为高校提供研发平台，提供实践基地，为高校成果转化、科学研究成果落地提供平台，从而最终实现双方共赢。

3. 金融、信息等中介机构对生态产业集群的服务

由于生态产业集群内上下游企业信息不对称，群内企业和群外企业信息不对称，企业生产的产品和消费者的需求不对称等，都要充分利用 IT 网络，通过信息服务，提供及时有效的信息咨询服务，提升信息的公开度和对称度，减少由于信息不对成所带来的成本，信息中介作为企业与企业之间的桥梁，能够为集群内的企业提供大量的信息和创新知识，从而为集群企业的创新提供保障。生态产业集群内的金融平台承担着越来越重要的角色，集群内的上下游企业、大中小型企业在不同的阶段，都需要不同的融资服务以分散风险，企业的投资环境已经成为产业集群良性发展的关键，金融平台在企业的发展过程中不可或缺，也将承担越来越大的作用。

4. 上下游生态企业的服务

生态产业集群产生和运行秉持共生模式、循环理念、环境维持理念。生态产业集群的服务包括两个方面：一方面，是生态产业集群的资源输出，资源输出的最主要部分就是对消费者进行的服务，这种服务都是以产品为媒介的。生态产业集群在与普通产业集群在目标上的共同点就是都以经济效益为目标，不同的就是，生态产业集群不仅仅是追求经济效益的最大化，同时还追求生态效益的最大化。以顾客为导向的产品服务仍然是生态产业集群内企业的最重要服

务目标。另一方面，基于溶源循环理念和产业共生模式，生态产业集群中，上游企业对自身生产产品后的副产品或者废弃物进行相应的工艺加工，为产业资本下游企业提供服务，使之成为下游企业的原材料，参与到下游企业的生产中去。上游企业为下游企业提供的服务，也是生态产业集群的特点之一。

四、生态产业集群创新影响因素指标体系

（一）指标体系的构建

我们把滇中生态产业集群服务创新影响因素导入层次分析模型中，将整个评价体系分为三层：最高层为目标层，即生态产业集群服务创新影响因素，该层表示解决问题的目的；中间层为因素层，包括了智力支持因素（智力支撑部门服务创新）、公共管理因素（公共管理部门服务创新）、其他外部因素（中介机构服务创新）、群内企业因素（群内企业的服务创新）；最底层为方案层，共有 15 个指标，从而形成了一个生态产业集群创新影响因素的评价指标体系（如表 7 - 1 所示）。

表 7 - 1　生态产业集群服务创新影响因素评价指标体系

目标层	因素层	方案层
滇中生态产业集群服务创新影响因素	智力支持因素（智力支持部门服务创新）	知识服务能力
		知识转移效果
		知识创新能力
		人才供应
	公共管理因素（公共管理部门服务创新）	政府主导、调控
		政府服务能力
		政府监督
		政府规划
	其他外部因素（中介机构服务创新）	资源输入
		资源输出
		信息、金融服务

续　表

目标层	因素层	方案层
滇中生态产业集群服务创新影响因素	群内企业因素（群内企业的服务创新）	共生模式
		循环理念
		产业选择
		环境维持

（二）主因子评价分析

（1）主因子评价结果（见表7-2）

表8-2　生态产业集群发展的影响因素权重排序

因素层	权重	CR	方案层	权重	CR	最终权重	排序
智力支持因素（治理支持部门的服务创新因素）B1	0.105		知识服务能力 C1	0.108		0.01134	15
			知识转移效果 C2	0.165		0.017325	14
			知识创新能力 C3	0.471	0.017<0.1	0.049455	7
			人才供应 C4	0.255		0.026775	12
公共管理因素（管理部门的服务创新因素）B2	0.300	0.063<0.1	政府主导、调控 C5	0.507		0.1521	2
			政府服务能力 C6	0.226	0.037<0.1	0.0678	6
			政府监督 C7	0.105		0.0315	11
			政府规划 C8	0.162		0.0486	8
其他外部因素（中介机构的服务创新因素）B3	0.138		资源输入 C9	0.142		0.019596	13
			资源输出 C10	0.525	0.0630<0.1	0.07245	5
			信息、金融服务 C11	0.334		0.046092	9
群内企业因素（群内企业的服务创新因素）B4	0.457		共生模式 C12	0.069		0.031533	10
			循环理念 C13	0.271	0.065<0.1	0.123847	3
			产业选择 C14	0.171		0.078147	4
			环境维持 C15	0.489		0.223473	1

（2）滇中生态产业集群服务创新外部因素

引入"集群"概念的美国战略管理学家迈克尔·波特指出具有竞争优势的产业通常具有很高的地方化特征。而在生态产业中，这种地方化特征大多体现在区域资源的开发、利用和管理上。中国区域产业自明朝中叶近代工业萌芽时起实行公平优先的均衡产业布局，到 20 世纪 70 年代末至 90 年代末效率优先的非均衡产业发展，最终形成区域协调发展的发展理念，然而由于中国东部和中部、西部之间过大的经济差距以及长三角、珠三角等经济特区对人为资本、物质资本等重要生产要素的强大吸引力，导致这些区域在未来相当长的一段时间内具有非常强的竞争力，这也更进一步加剧了中国区域资源配置的不均衡和区域发展的不平衡。

近年来，在各区域间以及区域内的新一轮产业转移和产业升级过程中，我国的区域产业发展呈现出新的形态：在经济分散化现象产生的同时，生产要素在空间上又呈现出新的集聚现象，即经济活动的本地化趋势。造成这种形态的根本原因在于经济发展的两极化方向。陈健生等对成都经济区的 19 个行业区位基尼系数进行产业集聚度分析，发现成都经济区也存在这种集聚力和扩散力并存的现象。同时，通过回归分析指出，正是由于区域经济的集聚导致了区域产业升级，区域经济的扩散力导致了区域产业转移。陆大道在回顾中国国民经济发展战略调整的过程中，指出传统的水资源、矿产资源及交通等传统因素对区域经济大发展的影响效应正在逐步减小，而信息、科技、生态环境、体制创新等已成为影响中国区域发展的新因素。纵观已有研究可以看到，区域产业集群普遍上对区域经济、资源及区域产业升级等因素依赖程度较高，滇中生态经济区中的经济、资源和产业与区域产业集群间的相互关系如何？在当前的经济政策和产业格局下，区域经济发展有哪些制约因素？区域经济发展趋势如何？针对这些问题，我们对滇中生态经济区现有产业结构情况进行调研，将调研结果中企业的外部影响因素进行归纳和相关性分析，形成生态经济区产业集群系统边界，最后将区域产业、经济和环境综合考虑为一个复杂系统。并从区域产业集群的环境因素出发，利用系统动力学的建模方法，构建对区域经济和区域产业集群演化系统，进而结合滇中生态经济区 2020 年的产业发展数据，对系统进行仿真，旨在揭示区域经济、人力资本、科技发展以及区域居民生活水平与区域产业聚集效应的内在关系，为区域生态经济区的可持续发展提供参考。

迈克尔·波特教授认为，产业集群产生的原因大致可归纳为以下四类：①历史原因；②不同寻常的需求；③已经存在的供应链或者产业链；④企业的创新行为。在产业集群化的过程中，参与企业不仅可以节约物流成本，获得区域内的技术或劳动力优势，而且还能获得及时便利的信息与服务，同时还能享受到比较稳定优惠的区域政策和产业成长环境。在中国，产业集群不仅具有上述共性，还具有自己的"个性"。王缉慈总结了中国产业集群的五种模式。生态产业集群显然不同于上述五种产业集群模式，作为驱动主体的地方政府是在国家宏观政策或者通过专家调研以及广泛的民众意见条件下，主导性地对区域内特色资源进行特定功能定位和长期规划，并出台政策扶持或主动进行产业建设，从而形成的产业集群。如云南的滇中生态产业集群。

生态产业集群是继先进经济技术产业集群、高新技术产业集群发展起来的，按照生态经济原理和知识经济规律组织起来的基于生态系统承载能力、具有完整的经济生命周期、高效的生态代谢周期以及和谐的生态功能特征的网络型、进化型、复合型产业集群。将区域内经济、社会、资源和环境保护协调发展，既达到发展经济的目的，又保护了区域内的大气、淡水、海洋、土地和森林等自然资源和环境。显然，经济、环境、科技等因素在产业集群的过程中起着重要的作用，孙晓梅使用经济运行效率、资源转化效率、污染减排效率、生态工业特征指标和园区管理效率五个准则层建立了包含二十多个具体指标评价指标体系，对烟台经济技术开发区生态工业园的运行效率进行了评价。季国军在对南京市农村生态产业开发支持体系的评价过程中使用了产业发展、环境保护、人力资源和政策资金等四个方面的评价指标。滇中生态产业集群服务创新主要的外部因素包括以下几点：

①公共管理服务因素：

a. 区位因素。不同地区的区位条件不同，运输费用、劳动成本、市场需求和自然环境等条件也存在很大的差异，聚集条件也不同，这是全球经济呈现带状分布的最重要原因。传统产业对交通费用比较敏感，水运和铁路是首要影响因素。高技术产业和生态产业依赖人力资本，需要研发机构和良好的人居环境的支撑。同时，由于产业集群而导致行业间的面对面的接触需求，产业聚集偏好于规模较大，功能更全面的产业园或工业园。

b. 政策因素。产业集群所带来高度竞争优势近年来已经得到了所有国家和地区共同认识和关注，为了达到高度竞争力的产业集群，制定与之配套的公共政策已是当前各级政府和政策制定者的普遍做法，也是区域产业快速、健康发展的必然选择。

c. 产业结构因素。产业结构中的任何一个环节的优势和劣势都会影响到整个区域产业集群的稳定性，甚至会关系到整个产业集群的发展和空间布局，集群和区域产业结构之间相互促进、相互增强、相互积累，为集群持续成长提供内生动力，各种原因引起的产业链条或产业网络的断裂和瓦解，都将导致集群的衰退。

②知识服务因素：

a. 文化因素。区域内有形文化资源，如建筑、遗址、名山、名水等因素对某些特定文化产业的集群起着至关重要的作用，如文化产业园、文化创意园、文化工业园等。同时，一些无形文化资源，如风俗、历史名人、故事等是旅游、工艺品等创新产业聚集的孵化器和温床。

b. 教育发展因素。区域劳动力的受教育水平不仅直接影响着企业员工的劳动技能、职业操守以及对企业文化的理解和认同，而且也影响着产业集群的劳动生产率，直接影响区域产业集群的竞争优势。

③其他外部因素：

a. 环境因素。环境因素对于区域产业集群来说是其产生、发展最直接、最根本的影响因素，对于区域产业集群特征、竞争力等都是建立在区域环境的基础之上。环境因素不仅可以缔造一个个不同特色的产业集群，也能促进产业集群的产业升级，彻底改变产业集群的产业结构，如中国沿海长三角、珠三角的工业产业园区等。

b. 社会发展因素。区域产业集群与区域社会发展存在着互动发展的动力，一方面，社会发展过程中的城市化过程使得产业和企业在区域范围内不断地集中，社会发展过程中的交流与合作也促进和刺激了产业集群形成和发展。基础设施规划建设、区域居民生活水平的提升不仅为产业集群的进一步发展提供了有效的支撑也为产业集群的发展提供了更广阔的市场空间。

c. 经济水平因素。区域经济水平和区域产业集群是一对相辅相成、相互影响的因素，一方面好的区域经济水平可以有效的推动区域产业集群的形成、发展；另一方面产业集群所形成的产业园、工业园不仅可以增加区域的财政收入，提高区域就业水平和区域居民收入水平，更重要的是有效地推动区域产业链的升级，使得区域内产业规模快速增大、区域产业可持续发展能力大大增强。

（3）滇中生态产业集群服务创新内部因素

①循环经济；

区域产业集群内部企业与企业间的相互影响主要通过企业间的知识转移来完成的。从微观的角度上看，产业集群内部知识转移对企业间结构、交流、融合以及创新起着重要的作用。从宏观的角度上看，产业集群内部知识转移可以有效提高产业集群的竞争优势，优化产业集群自身的产业结构，调节整个集群产业的上下游产业链结构，对于区域产业的长期健康发展至关重要。

②共生理念：

a. 共生网络。共生网络是一个互惠共生的过程，而不是直接竞争和相互抵制的过程。由于生态产业集群中上下游生态企业之间服务过程就是一个相互博弈的过程，是一个不断演化的动态过程，所以下文将以博弈的方式演化生态产业集群内上下游生态企业之间的服务创新过程，上游生态企业通过技术创新、末端服务创新、产品创新为下游生态企业提供原材料，或者进行粗放式排放不给下游生态企业提供原材料服务，下游生态企业也可选择接受上游生态企业的服务，或者选择不接受服务。生态产业集群内部的上下游企业之间形成的共生网络就是一个互相选择服务的过程，也就是一个动态的博弈的过程，我们假设生态产业集群中的上游企业和下游企业互相知道双方的策略和效用，并且上下游生态企业都为理性决策利益主体，那么我们对生态产业集群上下游生态企业之间的相互作用及均衡问题进行相关策略讨论，就可得知上游生态企业和下游生态企业就都可有两种策略可供选择，上游生态企业可选择的策略：上游生态企业对生产工艺进行改良，通过加大投入，进行科技创新、工艺流程创新，过程服务创新、加强对废弃物和环境副产品的处理，将其加工成为适合下游生态企业使用的主要原材料，物质减量化、再循环，为下游生态企业提供原材料服务。或者采取不投入，不对生产工艺进行改良，直接将废弃物和副产品通过焚烧或者填埋的方式进行处理，当然，这对环境的影响很大。下游生态企业可选择的策略：接受上游企业提供的创新服务，将上游企业提供的经过加工的废弃物或者副产品作为本企业产品的原材料，完成整个物质循环，减少环境破坏。或者，不接受上游企业经过加工的废弃物或者副产品，不接受上游企业提供的创新服务，破坏循环链，对环境造成破坏。

按照前文所述，生态产业集群内除了上下游生态企业外，生态集群还涉及多个因素，例如经济投入、资金的专用性、生态环境、存量资源、资源消耗、公共服务部门、智力支持部门、中介服务部门等等，还有政府监管因素、政府引导因素、政府服务因素、知识转移效果、资源输入、资源输出等等因素，这些因素都对生态产业集群的构成和发展形成影响。企业间的互信会影响生态产业集群的构成和发展，生态产业集群之间互信将很大程度上影响产业共生和集群发展，一旦企业建立起互信关系，生态产业集群内的上下游企业共生关系就更为紧密，否则一旦一方违约，例如如果下游企业违约，不接受上游生态企业提供的服务，选择从其他渠道购买原材料，那么上游企业将会付出沉重的代价，其进行的工艺创新，技术创新等投入将全部成为损失，如果不能及时更换下游接受服务企业，甚至为此投入的生产线也将成为损失，所以上下游企业间的互信是生态产业集群内部影响因素的一个重要部分。

政府的监管对生态产业集群的构成和发展有很大的影响。政府对生态产业集群的监管，一方面，对生态产业集群内进行了物质再循环、再利用的上下游企业给予鼓励政策，对进行了生态化生产的企业采取鼓励政策，例如采取免税、或者资金投入上的支持、政策上的优惠等鼓励性政策；另一方面，加大对进行了污染排放的企业的处罚，对粗放型处理废弃物和副产品的企业采取相应的处罚措施，对背信企业采取相应的处罚措施，对生态产业集群来说，可促进生态企业的发展，可促进生态产业集群中上下游生态企业间的互利共生，可以促进生态产业集群构成和发展。生态产业集群内部，生态产业链中，生态产业集群上下游之间的资源专用性、

上下游企业互信、上游企业承诺为下游企业提供的服务，下游分解企业接受上游企业提供的服务，政府对企业的监管和引导，政府提供的服务，包括有型的公共设施服务和无形的调控引导服务、中介机构提供的信息、金融服务，知识服务部门提供的人才和知识流动等，构成了一个完整的生态产业链。生态产业集群的构成与发展需要这些因素的共同影响，生态产业集群上下游企业之间的服务，之间的信任是生态产业链的主体因素，政府对生态产业集群中上下游企业的监管，是主要影响因素。

b. 产业共生的意义和功能。生态产业集群的产业共生，结合产业共生的理念，与自然界不同物种间由于互相给对方带来利益而选择相互依存共同生存的意义相同，产业集群内的企业，由于能够给互相带来利益，而选择共同合作，共同生存，共同发展，彼此之间有很大的依存度，而连接企业之间的链条就是生态产业链，就是循环产业中上游企业为下游企业提供的废弃物或者副产品的服务。只有上游企业生产的废弃物和副产品经过了工艺加工，经过了技术创新成为了下游企业合格的原材料，物质进入了再循环再利用阶段，才能说生态产业集群内的上下游企业之间产生了产业共生行为，生态产业集群的产业共生才具备生态学意义。

c. 产业集聚功能。产业共生的产业集聚功能，生态产业集群中上游生态企业给下游企业提供副产品或者废弃物作为原材料的服务，从而形成产业共生产业链，有上游主导产业，有下游分解企业，构成了一个紧密的结合体，必然也就形成了产业集聚，在产业共生网络中，由于上游主导型产业的存在，而形成了一个牢固的、稳定的产业链，吸引了下游分解企业的进驻，而且这种产业链结构较为稳固，比起一般的企业集群，生态产业集群中的产业集聚的可能性更大，产业集聚也更为牢固，而随着上下游生态企业的到来，政府等公共服务部门要提供公共设施等服务，金融、信息机构要提供金融和信息服务、智力支撑部门也要提供智力、知识服务和提供人才。随着集聚的规模扩大，企业内各行业主体、各行各业的人才聚集，会形成区位优势，又能够吸引更多的企业进驻，吸引更多的投资。产业再循环再利用功能，共生产业链中的上下游企业之间的关系，一般有经济关系、物质提供关系、服务关系、知识转移关系、产品服务

关系、资源共享关系等，与普通企业之间关系不同，共生产业链中，由于存在着上游企业为下游企业提供服务的共生物质、共生经济关系存在；由于上下游企业间的共生物质、共生关系的存在，共生企业间的物资可进行最为合理的分配和合理流动，给双方企业带来效益，牢固的共生关系可形成优势互补的结构，形成牢固的利益共同体，提高抗风险性，共同获取利益，于此同时，牢固的共生产业链可以形成产业的减量化、再循环、再利用，减少在生产过程中对环境的破坏，使生产过程清洁化、生态化，形成企业利润和环境保护的双重效益。产业的协同化功能。共生产业链中的企业，与普通企业不同，由于共生产业链中的形成，由于共生关系的形成，企业间有着更为紧密的联系关系，物质流、资金流、人力流、资源流、知识流等在企业间运转，要达到更好的共生关系，企业间就要形成更为紧密的共生关系，要进行协同发展、协同生产。共生产业链的形成就意味着单个企业不能只注重本企业单个的发展，而是要在共生产业链中协同的发展，举个例子，下游分解企业对产品进行了创新，对上游企业提供的原材料服务要求更高，这就要求上游企业进行技术革新，对废弃物和原材料进行工艺革新，生产出符合下游企业要求的原材料。否则，下游企业可能就会另外采购原材料，共生产业链就会破坏，所以，共生产业链中的协同生产、协同发展非常重要，这种协同发展完全不同于个体的发展，是共生产业链的一种进化形式，由于这种形式的出现，才能产生共生产业链，或者演化成新的共生产业链结构。如果一家企业不能在共生产业链中存活，那么自然会有其他的企业加入进来，共生产业链中的企业是共同发展，共同进步的，不是排斥关系，而是优胜劣汰的关系。产业生态系统中的共生网络就是在产业集聚的同时，各种资源流、人才流、物质流、知识流等在共生的关系下得到更为合理的配置和使用。

第八章 滇中新区生态产业集群创新外部因素仿真分析

根据滇中生态经济区的实际情况，我们重新梳理生态产业集群服务创新外部影响因素，将生态产业集群外部服务创新的影响因素归纳概括为经济环境、科技环境、人力资源环境和资源与市场环境等4个环境以及区域经济因素、区域人力资源因素、区域科技发展因素、区域产业因素、区域环境因素和区域居民生活水平等6个方面影响因素。在对滇中生态经济区多家进驻企业问卷调查的基础上，我们通过系统动力学的流率基本入树建模法分析产业、经济及资源的内在关系，构建"产业—经济—资源"反馈系统，并结合生态经济区2020年的基础数据进行模拟仿真，分析区域资源水平、政府投资、科技转化能力、教育水平等外部影响因素对区域资源的可持续利用的影响。

一、概念模型构建

滇中生态产业集群服务创新外部影响因素包括：

公共管理因素：区位因素、政策因素、产业结构因素；

知识服务因素：文化因素、教育发展因素；

其他外部因素：环境因素、社会发展因素、经济水平因素。

针对上述影响因素，我们在生态经济区随机选取100家已进驻企业进行问卷调研。调研有效回收问卷85家，根据问卷调查，其中对滇中产业集群中影响最多的前三个因素分别是：政策因素（82.353%）、经济水平因素（78.824%）和产业结构因素（61.176%）；影响最小的三个因素分别是：社会发展因素（24.706%）、区位因素（41.176%）和文化因素（45.882%）。其余三个因素分别是：教育发展因素（52.9412%）；内部因素（51.7647%）和环境因素（56.4706%）。

将区域经济因素、区域人力资源因素、区域科技发展因素、区域产业因素、区域环境因素和区域居民生活水平六个方面影响因素直接作为"产业—经济—环境"的系统边界。

①区域经济水平及年变化率；

②区域人力资本存量及变化率；

③区域科技水平及变化率；

④区域资源存量及变化率；

⑤区域生态企业量及变化率；

⑥区域居民生活水平及变化率。

二、子系统分析

(1) 区域经济子系统

区域经济在一定区域内经济发展的内部因素与外部条件相互作用而产生的社会生产综合体。以一定地域为范围，并与当地经济要素及其分布密切结合的区域发展实体。区域经济反映不同地区内经济发展的客观规律以及内涵和外延的相互关系。多恩布什、费希尔在其著作《宏观经济学》中这样定义经济增长的概念：生产要素积累和资源利用的改进或要素生产率增加的结果。所谓新增生产要素，是指经济增长中投入要素数量的增加。所谓资源利用的改进和要素生产率增加，是指经济增长过程中技术进步作用和资源要素使用效率的提高。本书借用经济增长的定义，将经济增长直接考虑为生产要素的投入产出与资源利用要素的消耗之差。一般来说，影响经济增长的因素有投资、劳动人力资本和技术进步。

①投资水平。投资对经济增长有着重要的影响。有关研究表明，改革开放以来，投资对我国经济增长的贡献度达50%以上。我国过去50年的增长主要是靠投资增加、技术进步和制度变革促成的，投资增加是其中最主要的因素。资本形成占GDP的比重在1980年接近30%，2002年突破40%，2003年达43%，新中国成立50多年来，我国GDP增长了10多倍。美、德、法等国GDP的增长靠投资拉动的仅占20%左右。根据中国与发达国家万元GDP能源消耗对比，例如把中国和美国、德国、日本等过能源消耗进行比较：中国11.8%，美国3.93%，德国2.36%，日本1.96%。我国2019年的GDP约占世界GDP的16%，为此消耗的原油、原煤、铁矿石、钢材、氧化铅、水泥的消费量分别约为世界消费的8%，31%，30%，27%，25%，40%。国家投入的研究与试验经费，中国、发达国家、发展中国家分别为1.35%，2%，1.6%。由上述材料可得出：投资增加仍然是现阶段我国经济增长的主要因素，但与其他国家相比较，发达国家已经不是靠投资来拉动GDP社会的增长，而且基础设施投资所占的比例越来越小；与其他国家的能源消耗比较，我国的能源消耗是美国的4倍，德国的5倍，日本的6倍左右，消耗全球1/4左右的原油、原煤、铁矿石、钢材、

氧化铅和水泥，只能换来全球 4% 的 GDP 比重。资源投入和经济输出严重不成比例，原因也很清楚：我国企业用于技术引进和消化吸收投入之比，是日本的1%，是韩国的 1.6%，我国国家研究与实验发展经费 GDP 比重落后与世界平均水平等，运用新技术的水平远远落后于世界水平，所以造成生产力低下，能源转化力低下，对资源输入不能合理利用，转出效益低，产出效益低。

②人力资本的贡献。人力资本已经作为发达国家（地区）长期经济增长的决定性因素。在其保持长期的、持续的经济发展中发挥着重要而且是越来越为重要的作用，近些年的经济发展实例已经为人力资本成为重要驱动力提供了印证。例如：二战后的日本经济在美国的帮助下迅速起飞，美国自 20 世纪 90 年代以来，连续 110 多个月的高增长、低通胀、低失业经济发展现象，就是以人力资本为最基本保障，不断推进技术创新、技术进步；相反的实例就是以"亚洲四小龙"为代表的东亚国家（地区）创造的"亚洲奇迹"。20 世纪 90 年代，亚洲以东亚经济快速增长为基础，经济进入了飞速发展阶段。但是，以 1997 年金融危机的爆发为标志，以外来投入为主的泡沫型经济增长，没有技术创新的基础上的经济增长，所以难以支撑经济良性的、持续的增长。在经过了短期的繁荣后，后期乏力，被证明是不成功的经济发展方式，我国近年来的"孔雀东南飞"现象就与东西部地区发展的差距有着必然的联系。我国正在从人力资源大国走向人力资源强国的阶段，人才发展战略已经上升为国家的基本国策，人力资本对经济发展的贡献已经逐渐成为共识并且成为常识，人力资源就是发展的第一资源。实现科技进步，实现经济和社会发展，关键都在人。

③技术进步。马克思曾指出："固定资本的发展表明，一般社会知识，已经在多么大的程度上变成了直接的生产力。"马克思还深刻地指出："社会劳动生产力，首先是科学的力量。""大工业把巨大的自然力和自然科学并入生产过程，必然大大提高劳动生产率。"

首先，区域经济水平的变化率＝区域经济增长量/区域经济水平，区域经济增长量为区域投入产出量与区域资源消耗量的差值与经济增长的影响因子乘积的结果。其次，区域投入产出量＝区域投入量－区域产出量，区域投入量＝政府投资＋金融机构投资＋企业投资。区域产出量＝生态产业产出量＋非生态产业产出量。第三，生态产业产出量＝生态企业×生态产业产出效率；非生态产业产出量＝非生态企业数×非生态产业产出效率。生态产业的产出效率和非生态产业的产出效率区别在于是否受到区域科技水平的影响。生态产业产出效率为区域人力资本存量和区域科技水平的生产函数，非生态产业产出效率为区域人力资本存量的生产函数，具体模型参见图 8-1。

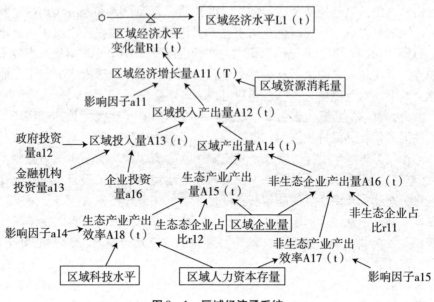

图 8 - 1　区域经济子系统

（2）区域人力资本子系统

人力资本存量是社会劳动者质量的反映，影响人力资本形成的因素是多方面的，如企业资本要素投入、资本市场流入、科技进步及制度创新等，然而受教育程度和健康状况是决定劳动者人力资本存量的两个关键因素。就业人口数 = 区域人口数 × 区域就业率。R·Lucas 将人力资本变化纳入内生经济增长模型中，认为人力资本是自我形成的，每个劳动者能力和他贡献给人力资本的时间（可视作受教育和培训的时间）决定了他进一步获取知识的速度。区域就业率 =（区域居民生活水平变化量 + 区域科技水平的总量）/区域经济水平。同时，本书结合已有研究，将人力资本增长定义为教育回报率和劳动力平均接受教育年限的乘积，劳动力平均接受教育年限等于不同教育水平劳动为人口乘劳动力接受教育系数（影响因子 1 为区域经济子系统生产函数中的弹性系数，下同），模型参见图 8 - 2。

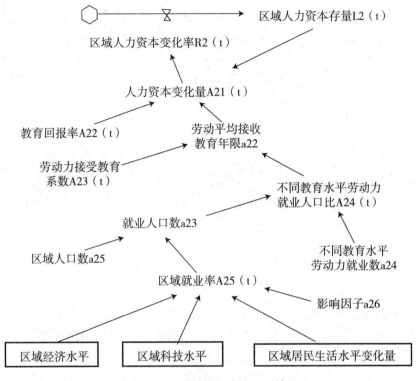

图 8 - 2　区域人力资本子系统

（3）区域科技水平子系统

目前许多文献都论证了科技水平是技术进步和经济增长的主要推动力。本书直接将区域科技水平定义为区域创新能力及其他影响因子的生产函数，同时将区域科教投资额和区域科技转化能力及人力资本存量作为区域创新能力的来源，所以区域创新能力为区域科教投资额、区域人力资本存量及区域科技转化能力的生产函数。而区域科教投资额 = 区域经济水平 × 区域科教投资比。模型参见图 8 - 3。

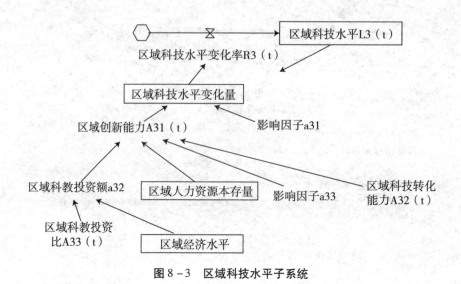

图 8 - 3　区域科技水平子系统

(4) 区域资源子系统

区域资源包括区域经济发展中的自然资源；区域经济发展中的人力资源；区域经济的制度环境。自然资源指的是每个社会人在自然介质中可认识到的、可萃取的、可利用的一切要素及其集合体，包括这些要素互相作用的中间产物或者最终产物，只要它们在生命建造、生命维系、生命延续中不可或缺，只要它们在经济系统中构成不许投入并且产生积极效益，只要它们在社会经济系统中带来合理的福祉，即可成为自然资源。自然资源拥有相对稀缺性和区域性的特点。人类为自然资源保护和发展所耗费的劳动，就构成了自然资源的特殊价值实体。资源具有的价值是在自然资源稀缺的迫使下，人类必须对自然资源投入劳动，形成了新的资源产业，维护或者创造新的人工自然资源，正是因为耗费了劳动，才使得这种产业进入生态经济系统运转的自然资源具有了价值。

人力资源又称劳动力资源或者劳动资源，通常人力资源是宏观经济意义上的概念，即以国家或者单位进行划分和计量的，有时也用于部门、企业等。人力资源最基本的特点就是具有生物性，它存在于人体之中，是一种活的资源，与人的生理特征相联系。具有能动性，表现在三个方面：①自我强化，选择职业和积极劳动；②具有时效性，从个体角度看，人具有其生命的周期，限定的从事自然劳动的时间，不同时期劳动能力不同；③具有智为性，把物质资料作为自己的手段，创造了工具、机器。人力资源的有效开发是区域经济发展成败的关键。人力资源是知识经济时代活跃的生产要素。区域经济的制度环境。区域经济制度是由制度环境中的产权和制度环境中的组织两部分组成。制度环境中的产权，是指人们拥有的对资源的用途、收入和可让渡性的权利。产权对经济发展的影响主要体现在决策、责任和利益上。市场组织理论和智力结构理论构成制度安全的主要内容，其核心是市场交易成本问题。不同的治理结构对管理交易的相对有效性不一样。

　　按照上述定义的划分，区域资源变化量＝区域资源消耗量－区域资源更新量，同时区域资源消耗量＝不可更新资源消耗量＋可更新资源消耗量，区域资源消耗量＝区域企业量×生态企业占比×生态企业资源消耗系数＋区域企业量×非生态企业占比×非生态企业资源消耗系数，模型详见图8－4。

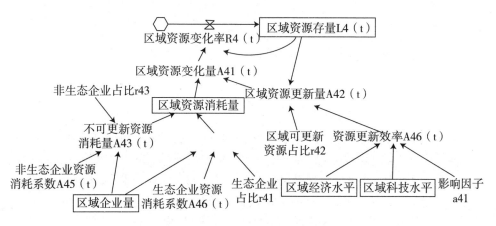

图8－4　区域资源子系统

（5）区域生态企业子系统

　　区域生态企业的增加数为区域企业数、产业集群度以及影响因子a的函数，产业集群度越高，企业增加数越大。同时产业集群度又可定义为区域经济水平、区域科技水平的函数。模型参见图8－5。

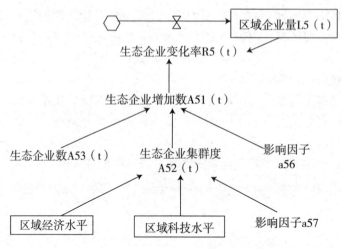

图 8 - 5　区域生态企业子系统

（6）区域居民生活水平子系统

区域居民生活水平的变化量主要来自于区域居民收入水平和区域居民消费水平，生活水平变化率＝区域居民生活水平变化率÷区域居民可支配生活水平，区域居民生活水平的变化量主要来自区域居民收入水平和区域居民消费水平，区域居民生活水平变化量为区域经济水平、区域居民消费水平及区域居民收入水平的生产函数。区域产业结构＝生态企业量÷非生态企业量。模型参见图 8 - 6。

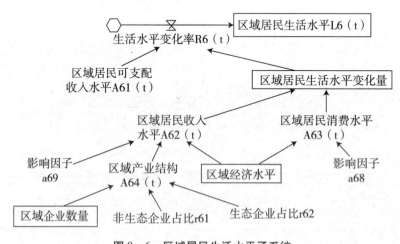

图 8 - 6　区域居民生活水平子系统

根据上述 6 个子系统的流率基本入树，将其中重复变量替换成原有变量或常量，构建区域"产业—经济——资源"系统。

从系统模拟结果可知道，区域资源水平高低直接影响区域产业的集群度，进而影响区域经济的发展。同时，区域经济发展的其他影响因素，如区域政府基础设施投资、科技转化成果能力、教育水平等等因素对区域资源的可持续利用有着重要的影响作用。

（1）政府投资的影响

从模拟结果可看出，提高政府投资率可显著提高区域经济水平总量，同时区域产业集聚度和区域资源水平量影响不大，但两者的收敛路径均有一定程度的不同，政府投资率越高，区域产业集聚的速度越快，区域资源的利用效率越高（当前区域资源水平越高）。

（2）区域教育水平的影响

上文已提及，区域教育投资占 GDP 比为 2.6%，调整区域教育投资占比（区域教育水平1，区域教育水平2 和区域教育水平3），从模拟结果可看到，提高区域教育投资占比，并不能直接提高区域经济水平总量，但可提高区域经济水平的发展速度，即不考虑其他资源约束的条件下，区域教育投资占比越高，区域经济发展速度越快，但区域资源转化为区域经济总量的水平是不变的。同时，区域教育投资占比越高，区域产业集聚度越高。同时，区域产业集群的发展与区域产业的品牌效应也存在着一定的相关性。

行业产出模拟结果结果中可看出；对滇中生态经济区的未来区域经济发展影响较大的行业集中于农林牧渔业、食品制造及烟草加工业、化学工业、金属冶炼及压延加工业、电力、热力的生产和供应业。但各行业中产出增幅率较大的行业主要有：废品废料、研究与试验发展业、综合技术服务业、环境和公共设施管理业、卫生、社会保障和社会福利业、文化、体育和娱乐业和公共管理和社会组织。

因此，从总量来看，生态经济区内原有的落后高消耗型产业仍占据着区域经济增长的主要部分。但是相关产业结构对区域内的经济增长的影响作用越来越大，相关服务行业如废品废料、研究与实验发展业、综合技术服务业、环境和公共设施管理业、卫生保障和社会福利业等行业增幅较大，这些行业正好对应影响生态产业集群发展的相关因素。例如废品废料行业对应群内企业因素的共生模式、循环理念和环境维持因素，研究与实验发展业对应智力支持因素中的知识服务能力、知识转移效果和知识创新能力等。综合技术服务业、水利、环境和公共设施管理业、卫生、社会保障、社会福利业、文化、体育和娱乐业和公共管理和社会组织，对应公共管理因素中政府的主导、调控、服务能力、规划等因素。

　　对滇中生态经济区的区域经济发展影响较大的行业集中于食品制造及烟草加工业、化学工业、金属冶炼及压延加工业、电力、热力的生产和供应业。各行业中，产出增幅较大的行业主要有废品废料、研巧与试验发展业、综合技术服务业、水利、环境和公共设施管理业、卫生、社会保障和社会福利业、文化、体育和娱乐业和公共管理和社会组织。从经济总量来看，生态经济区内原有的高消耗型产业仍占据着区域经济增长的主要部分。

第九章　滇中新区生态产业集群创新内部因素博弈分析

在对滇中生态产业集群服务创新影响因素基础上，本章对内部因素进行博弈分析，对循环经济、共生理念进行理论阐述，构成生态产业集群内部影响因素博弈分析的理论基础，然后进行生态产业集群内部服务创新体系分析，生态产业集群内部服务创新动力分析和生态产业集群企业上下游之间的服务成本分析，在此基础上进行集群内部服务创新博弈，并且加入政府监管因素，考察在政府监管的影响下，新区内部上下游企业之间服务如何互动，如何形成服务创新机制。

一、动因分析

生态产业集群是按照现代产业生态学、自然生态群落、循环经济等理论而形成的一种新型产业集群，生态产业集群中的上下游生态企业之间是按照共生网络的形式组合在一起的，它们之间形成共生产业链，存在着上游企业是否为下游企业提供副产品或者废弃物加工的原材料服务的关联关系。如自然界中的生产者，树木和植物一般，在生态产业集群中，在共生产业链中，初级生产者就是对自然资源的基本利用行业，如矿业、电力、水力冶炼、企业等。第二产业、第三产业企业如制造业、服务业企业不像初级生产者直接对自然资源进行基本利用，是在初级生产者提供的产品基础上，产生产品。或者直接用服务产出效益，例如金融、电子信息业等。作为共生产业链中的分解企业，就如同是自然界中的分解者，负责对产业进行再循环、再利用，不同的是，自然界的分解者只负责对初级自然资源进行分解，而共生产业链中的分解企业不但是对初级资源进行分解，而且担负着为下游企业提供资源的任务，例如共生产业链中的废品回收和再造公司等。

生态产业集群将工业经济技术与环境生态统一起来，既要充分获得经济效益，又要获得生态效益，以产业生态学、自然生态群落、循环经济等理论为基础，在产业集群内进行物质的减量化、再循环、再利用、再回收和进行无害化处理。提高资源使用效率，提升经济效益，减少社会对环境资源的开发，实现污染的可控化，最后实现零污染，实现对不可再生资源的使用效率最大化，在区域内实现可持续的发展，保护区域内环境。以最小的环境成本获得最大的经济和生态效益。生态产业集群内的生态系统中的运行模式为"回收—再利用—再设计—再生产"。生态产业集群仿照自然生态系统的循环方式，使上游生态企业在生产过程中产生的废弃物或者副产品成为下游生态企业的主要生产原料，形成生态产业链条，形成共生网络，实现原材料的循环使用，优化资源配置，实现社会资源、物质、能量、能源等的最大化利用，最终实现经济效益和生态效益双优的目标。

生态产业集群内部的服务创新体系实际上是生态产业集群上下游之间的服务创新，其过程包括企业自身的服务创新等。生态产业集群上下游生态企业之间的相互服务过程其实就是一个相互博弈的过程。上游生态企业可以选择投入一定资金经过相关工艺将生产过程中产生的废弃物或副产品加工成下游生态企业的主要原材料，以此为下游生态企业提供服务，或者也可以采取粗放的方式直接处理和排放废弃物，或者焚烧或填埋废弃物，不为下游生态企业提供副产品或者废弃物加工服务，不为下游生态企业提供原材料；下游生态企业可以接受上游生态企业提供的服务，接受上游生态企业经过加工的废弃物或副产品，为上游企业减少焚烧或填埋垃圾的成本，与此同时，为环境的维持保护做出贡献。也可以选择从其他的渠道采购原材料。

（1）生态产业集群内部企业服务创新的动力分析

①内生动力分析—生态创新。生态产业集群服务创新的研究逐渐引起了国内外学者的关注。Ramus 和 Steger 从企业内部着手，对生态创新进行研究，通过对企业环境质量的改良，提高企业绩效。刘思华认为为对生态系统的改革与创新，对人工系统、经济社会系统的创新，是对社会社会生产各个环节进行生态化的过程。邵云飞认为生态化创新是一个可以良性循环的复合创新系统，并且适用于任何产业，可形成经济、生态、技术、机制等的有机统一。总之，生态化创新是为了系统实现生态化而必需的技术创新、制度创新和组织创新过程，最终的目的可实现经济社会可持续发展，具体途径是通过技术创新、工艺革新、制度创新等手段，实现资源的可替代化，煤、水、天然气等不可再生资源逐步被风能、太阳能、生物能等可再生资源所替代，逐步提高资源使用的效益，提高资源使用的能力，最终实现生产生态化，企业可持续发展。生态创新作为生态产业集群发展的内生动力，可有效地提高生态产业集群的创新能力，能够保证生态产业集群持续发展，能够同时保障企业在获取利润的同时，对环境予以保护。

生态产业集群上下游之间的服务创新主要包括以下几种。末端服务创新：

上游企业通过对产品末端废弃物和副产品进行相应的工艺加工，为下游企业提供副产品服务，下游生态企业进行技术研发，开发废弃物处理技术系统，并且对污染环境补救的具体技术和工艺进行研发；过程服务创新：上下游企业自身的新工艺技术的开发，过程集成优化，管理模式创新，产业组织创新等；产品服务创新：包括产品生态设计、综合产品政策等手段，创造新产品，新市场，新政策，新的商业模式，带来产品生命周期内环境最优化的效果。通过顾客、供应商参与的产品服务创新，为产品增加附加值，减少制造过程带来的环境污染；系统服务创新：包括开发可再生资源供应体系、生产和消费体系等，生态产业集群通过施行产业共生、循环经济、低碳经济、生态消费等政策，开发可再生资源能源新技术、新市场、新商业模式，新的产业组织。

②外部动力——资源消耗与环境保护的约束。全球工业化的进程仍在不断加快，在生态产业经济区内，原有的高消耗产业仍然占据着主要地位，就目前的技术水平和工艺水平来看，经济增长对资源的消耗和对环境的破坏仍然没有得到较好的解决，可再生资源对不可再生资源的替代仍然处于一个较为漫长的过程中，对不可再生资源的消耗，和对环境的破坏已经对经济的增长形成了极大的制约。由于对经济增长的需要，对不可再生资源的无节制索取，对地球环境的破坏，已经让人类初尝恶果。只有产业生态化，形成生态产业链，形成循环生态系统，加强服务创新、加强产业循环、加强对资源的利用水平、加强资源使用效率、加强对可再生资源的利用，经济增长方可持续。不可再生资源消耗殆尽是个不可逆的过程，要围绕生态产业集群建立的需要，减缓资源消耗速度，提高对资源的循环再利用能力，一方面，提倡循环产业，构建以产业共生理念和循环经济为指导的生态产业集群，尽可能的对资源进行再回收再利用；另一方面，要考虑进行技术创新，利用太阳能、风能或者其他等可再生资源代替水、煤、天然气等不可再生资源，低碳发展、低能耗发展，减少对不可再生资源的过度利用，甚至在一定的时候完全代替对可再生资源的利用，实现生态产业集群的长久可持续发展。既要突出生态经济区原有产业结构中的农林牧渔业、食品制造及烟草加工业，继续加强对废品废料的研究与试验，发展综合技术服务业务，加大对文化、体育、娱乐业等行业的扶持力度，规范区域企业进驻机制，提高现有企业的科技创新能为，加快淘汰产业结构中产能消耗较大的企业，要逐步减少化学工业、金属冶炼及压延加工业等传统高消耗、高污染行业企业对经济的影响力。规范区域企业的进驻机制，对周边省区产业转移的企业实行严格的考核及测评，创新进驻企业考核流程和考核指标。同时，还要提高生态区域内的科技创新能力，联合区域科技创业园和高校产业园，加快原有产业结构中产能消耗较高企业科技创新，逐步淘汰不利于产业结构的企业。

③综合动力——区域优势。区域优势在本文中指的是不同地区的区位条件不同，运输费用、劳动成本、市场需求和自然环境等条件也存在很大的差异，聚集条件也不同，这是全球经济呈现带状分布的最重要原因。区域优势一般有两种意义：区域比较优势和区域竞争优势，区域比较优势的理论基础来源于要素禀赋学，区域竞争优势则是来自于 Poter 的相关理论学说，比较优势学说一般指的是某一区域在生产条件和生产各要素方面形成的相对优势，例如东部沿海省份和内陆欠发达省份相比就占据着区位优势；竞争优势学说则是指的是某一区域由于对生产各要素进行了合理的资源分配，最终形成了生产能力、生产效率方面的整体优势。产业集群则是培育企业竞争优势的温床。某一地区形成了生态产业集群后，必将更多的吸引政府、企业的注意，产生巨大的辐射效应。一方面，政府会加大对生态产业集群基础设施方面的投资、例如水电、土地、房屋、道路等基本资源和设施的投入，还会加大对废物加工废物利用废物回收，废水处理、废弃物循环再利用设备和设施的投资，同时会加大对补链产业的引导和扶持；另一方面，群外企业也会看到集群效益给生态产业集群带来的经济效益，补链企业、投资者会源源不断的进入生态产业集群，促成该区域的竞争优势形成，而竞争优势的形成反过来又促使政府、群外企业和投资者新一轮的投资和对产业集群的完善。生态产业集群在不断优化、不断壮大的过程中积累更大的市场竞争优势，从而提高产业集群内企业的利润，提升产业集群的竞争力、推动产业集群的生态化发展，从而实现生态产业集群的经济效益与生态环境效益的双赢。

（2）生态产业集群企业上下游之间的服务成本分析

①匹配成本。副产品服务是生态产业集群的特点。在上游生态企业为下游生态企业提供副产品和废弃物服务的上下游合作企业中，下游生态企业的需求或者上游生态企业提供的副产品和废弃物加工服务一般情况下是特定的、不具备变化性的，企业上下游之间对各自的生产水平、能力、产品特点等信息并不一定是从开始就知道的，可能一开始就要花费一部分的人力、物力、财力成本去搜寻相关的信息。企业的共生关系是生态产业集群的最基本特征之一，而共生企业之间要求有更多的信息共享，例如生产工艺、环境管理措施等，因而匹配成本可能更大。

②信任成本。企业之间存在着能否按照合同标的按质按量履行合同的风险，人们追求长期利益会导致相互之间的信任。在生态产业集群网络的运行过程中出现某些问题的时候，就有可能需要某个或者某部分企业为了维护整个集群的利益而牺牲该企业或者该部分企业的部分利益。在这种情况下，不一定能够保证所有的企业都能按照当初的约定进行自我牺牲，毕竟企业的主要目的就是赢

得利润，所以很有可能企业都是按照利己的方面有所行动，而并不会采取遵守合约的方式。那么，采取什么手段避免纯粹的利己主义，从而维护整个生态产业集群的生态产业链能够稳定和可持续发展就有着极其重要的意义。为了防范这种信任风险，上下游企业需要有防范措施，例如对合作方生产过程信息的及时掌握，以及当合作方不能按质按量履约时，对其他供货渠道的搜寻。

③谈判成本。谈判成本与参与各方的地位有关。在生态产业集群建设之初，虽然由政府主导，相关上下游企业进入生态产业园区，但进入园区后上下游企业的地位并不是完全相等的。当一家企业对另一家企业依赖性较强时，其谈判地位就相对的较低，付出成本就会更大。谈判是一个耗时、费力、费心的过程，谈判时间越长，付出的成本就越大。

④调整成本。当存在着共生关系的上下游生态企业中其中一方在作出调整的同时，另外一方企业肯定也要受到影响，例如下游企业改进了生产工艺，对上游企业提供的废弃物原材料提出了更高的要求，那么上游企业就要相应的作出调整，同步改进工艺。若某一关键供应环节发生中断，则对生态产业集群的共生网络的安全性形成威胁。

⑤风险成本。上游企业若提供给下游企业的副产品需要经过初步加工服务，而经过加工服务后的副产品无利可图，上游企业可能会不再提供副产品服务，下游企业则需要向其他企业搜寻该产品，上游企业则需要对副产品进行无害化处理，此时，上下游企业都需要增加生产成本。生态产业集群的建成将使得上述交易成本都得到极大地降低。

二、博弈模型构建

生态产业集群上下游企业间要构成共生关系、相互提供服务，形成一条共生产业链，就都要付出一定的努力和成本，单方面的努力或者付出成本，都不足以产生共生关系，所以，这种关系的形成就是一个动态变化的过程，上游企业通过提高生产工艺，为下游企业提供合格的副产品作为原材料，下游企业通过对工艺和技术的创新，提高产品附加值，获取服务创新收益，实现循环生产，实现减物质生产，减少对资源的消耗，最终实现可持续发展。如果上下游生态企业都是理性主体，并且都知道彼此将要采取的服务创新策略，以此为基础探讨生态产业集群内部的上下游企业之间的服务创新决策问题。上游企业可有两种策略，第一种策略：上游企业提高工艺水平，针对废弃物和副产品进行再加工，为下游企业提供原材料服务，并形成共生产业链；第二种策略，上游企业与下游企业为纯粹的竞争关系，宁愿粗放型排放，对废弃物和副产品不做任何加工，直接排放，不给下游企业提供服务。那么下游企业相应的也有两种策略可以选择：第一种策略是接受共生，接受上游企业提供的服务，接受经过上游企业再加工的副产品和废弃物作为原材料，减少对环境的污染，形成循环生产系统。第二种策略，同样是纯粹的竞争关系，不接受上游企业的服务，自己搜寻原材料，任由上游企业的废弃物和副产品粗矿性排放。其策略组合如下表9-1。

表9-1　上下游企业博弈策略组合

		企业 A（上游生态企业）	
		提供服务	不提供服务（自己处理废弃品）
企业 B（下游生态企业）	合作	合作，提供服务	合作，不提供服务
	不合作	不合作，提供服务	不合作，不提供服务

可能性1：上下游企业达成一致，愿意形成循环经济体，共同构筑共生产业链。这种可能性的情况下，将需要处理的废弃物用字母 Q 来表示，上游企业进行服务创新，为下游企业提供服务的成本用字母 C 来表示，那么有 $C = \lambda Q$，按照上下游企业之间的协议，由企业 A 和企业 B 共同承担，系数分别为 $\alpha_1 + \alpha_2 = 1$，如果仅仅由企业 A 单独承担，那么 $\alpha_1 = 1$，副产品或废弃物的交易价格按上下游企业之间的协议定为 P_1，下游企业 B 获得的收入为 I。

可能性2：上下游企业为纯粹竞争关系，彼此间不能达成合作协议，（上游生态企业不愿意为下游生态企业提供服务，选择自己用垃圾填埋、焚烧等粗放的方式对废弃物进行处理，下游企业选择从另外的渠道采购与企业 A 提供服务相同的原材料），上游生态企业 A 经过相应工艺处理产生的副产品或废弃物，为企业 B 提供服务的成本用字母 f 表示，上游企业选择为下游企业提供副产品加工服务，为下游企业提供原材料所需要的成本用字母 P_1 表示，并且与需要处理的废弃物 Q 成正比关系，下游企业 B 按另外的渠道购买与上游企业 A 提供服务相同的原材料，设原材料价格为 P_2，这种可能性中，设置的 $P_2 > P_1$。

可能性3：假设上游 A 企业选择合作，但下游 B 企业选择不与上游企业合作，或者下游企业 B 选择共生合作，而上游企业 A 则不选择与下游企业 A 合作，总之这种可能性就是，一方的企业愿意合作，而另一方企业则选择不合作，在此情况下，无论是哪一方企业选择了合作，那么，这一方的企业一定付出了成本：例如由于设备更新、工艺更新、技术更新还有人力资本等产生的成本投入，选择了投入的企业因为另一方企业的不合作，就必须采取紧急避险的行为，这必然导致产生额外的成本支出，额外支出费用与废物处理费 Q 的比例系数用字母 E（E>0）表示，而且能搜寻到另外的愿意合作的上、下游生态企业各自与另外一方企业的成交价格仍然用 P_1 代表，另外，还需要一个假设，就是原材料的价格，无论是上游企业提供的服务，还是另外找寻的原材料价格是恒定的。

共生企业间，信任是最大的要素，目前共生产业链的形成、循环经济体的形成，大多都是在政府引导下，企业自发形成的，政府对企业是否共生，或者在共生后的选择，并不会出台强制性保护性政策，更多的是依靠企业双方的自觉而达成的契约。在下游企业决定使用上游企业的原材料服务后，上游企业就要对自身的工艺进行提升，要准备为下游企业提供原材料服务的设备、人员、技术投入等，这些投入的成本，都是以双方达成契约、双方互利互信为基础的，是一种自发的行为，这种成本的投入，需要上下游企业进行了一段时间的共生才能慢慢弥补，在此期间，如果下游企业能够找寻到更为廉价的原材料，违反契约，选择更为廉价的原材料，上游企业所投入的成本就很有可能不能得到回报，所以，双方企业之间的互相信任，在生态产业集群内部企业中就显得极为重要。另外，由于双方企业的互相信任，上下游企业为了维护企业之间的共生性、为了维护双方企业的利益，都可能愿意付出一部分的成本，例如下游企业宁愿放弃更为廉价的原材料，愿意维护共生产业链、循环经济体的持续发展，愿意为了保护环境而放弃一部分经济利益，那么该共生产业链的上下游企业就不需要再付出成本搜寻另外的共生企业，也可以减少搜寻成本。

三、加入政府监管因素的博弈

政府对生态产业集群的监管，作为影响生态产业集群的主要影响因素之一，政府对生态产业集群的监督对生态产业的形成和发展起着重要的作用，本章节尝试在上下游生态企业服务中加入政府监督影响因素，再进行三方博弈，以期能够找出政府监管后对生态产业集群内上下游企业之间的服务创新的影响关键所在，并探讨形成的机制。现阶段，我国政府对生态产业集群的管理实际上是在探寻并且建立一种生态发展与经济发展相融合的创新管理方式，是将环境、生态、产业等投入转变为产业产出，以取得生态基础设施和产业基础设施，生态产业和经济产业，生态服务创新与社会服务创新的协调发展。以政府为主导模式的生态产业集群生态系统建设主要通过科学制定环境标准、完善环境政策、出台一系列环境法规等方式进行宏观调控和管理，对环境资源配置、和经济资源配置的市场失灵进行补救。可以说，生态产业集群的环境影响因素在目前，并且在未来很长一段时间内，还是会由政府来引导、调控、监控、服务和维持的，企业的生态化和生态共生影响还主要来自于政府，在本部分中，我们对政府的监督采取以下假设：第一，只针对上游企业，严格把控，对上游企业进行监督，政府出面使其对自身在生产过程中产生的废弃物进行处理，督促其在生产过程中不能造成污染，通过该种方式促使上游企业要想办法处理好废弃物。第二，政府通过对生态企业税收优惠、提供无息、或者低息贷款等方式，对污染治理较为出色的生态企业进行适当的政策和经济措施刺激，反之，对污染治理不达标的企业则进行相应的处罚等。政府要么对企业进行的污染进行监管，要么不进行监管，排污企业要么对污染进行治理，要么不进行治理（治理就是上游企业为下游企业提供服务，变为下游企业的原材料参与到下游企业的生产过程中去，废弃物循环再利用。）政府进行监督时，我们将政府所需要的成本用字母 K 来表示。正如我国大部分现实情况所表现的，很多排污企业，为了追逐利润，对污染毫不控制，连最基本的处理都不做，直接排放，本书中，我们将这类企业有可能被政府相关机构查处的几率用字母 P 来表示，$0 < P < 1$。政府如果查到排污企业没有对废弃物进行处理，而是直接排放，那么政府一般的做法是整改、关停企业并对企业处罚金，本书将罚金用字母 X 来表示，因为是否关停、整改不好作为一个常量进行分析，作为政府对企业污染治理的轻重程度的表示。当然，企业肯定知道政府要么就进行监管，要么就不进行监管，政府只有两种策略，企业必然提前预知。在这里，我们将企业进行污染治理所必须投入的成本用字母 C_1 来表示，按照实际情况，政府和企业之间是完全信息的静态博弈，博弈模型如表 9 - 2。

表 9 - 2　加入政府腔管因素的博弈矩阵

		排污企业	
		处　理	不处理
政府	监管	$-K$，$-C_1$	$PX - K$，$-PX$
	不监管	0，$-C_1$	0，0

如果 $K > PX$，这个时候，政府就采取不监管措施，按照实际情况，政府不监管，企业为了追求利润，一般就不进行污染治理了，此时，博弈有唯一的纳什均衡解（不监管，不治理），而这样的结果，肯定是与保护环境的要求相违背。那么，现阶段，要保护好环境，要使生态产业集群能够持续发展，就只有加强政府对污染治理的监督和管理，或者政府加大处罚力度，对不及时做出污染治理的企业进行处罚，如果 $K < PX$，那么若 $-PX > -C_1$，此时，也有纳什均

衡解（监管，不治理）。若 $-PX < -C_1$，则求混合纳什均衡解，政府监管的概率用字母 ψ 表示，不监管的概率为 $1-\psi$，制造污染的企业进行污染治理的概率为 β，那么，制造污染企业不进行污染治理的概率就为 $1-\beta$。制造污染的企业进行污染治理的预期收益：$GAI = -C_1$。对于污染的治理，政府介入后，一般可采取以下手段，首先是企业提高治理污染的成本，建设污水处理设备、提升工艺水平为下游企业提供原材料等。政府就是加大监管力度，对企业排污进行实质性监管，加大处罚力度，使不进行污染治理的企业交纳的罚金大于进行排污治理的成本，企业自然就会进行污染治理。

生态产业集群上下游之间的服务创新主要包括：末端产业服务创新：上游企业通过对产品末端废弃物和副产品进行相应的工艺加工，为下游企业提供副产品服务，下游企业创建末端处理废弃物技术系统，开发用于补救被污染环境介质的具体技术和工艺；过程服务创新：上下游企业自身的新工艺技术的开发，过程集成优化，管理模式创新，产业组织创新等；产品服务创新：包括产品生态设计、综合产品政策等手段，创造新产品，新市场，新政策，新的商业模式，带来产品生命周期内环境最优化的效果。通过鼓励顾客及供应商参与的产品服务创新，为产品增加附加值，减少制造过程带来的环境污染；系统服务创新：包括开发可再生资源供应体系、生产和消费体系等，生态产业集群通过施行产业共生、循环经济、低碳经济、生态消费等政策，开发可再生资源能源新技术、新消费市场、新商业模式，新的产业组织。

第十章　滇中新区生态产业集群创新管理策略

一、滇中新区生态产业集群服务创新原则

（1）区域特色原则

充分考虑滇中生态经济区产业发展的特点、基础和要求，紧密围绕区域的资源特色，形成具有独特优势的低碳产业和高附加值产品，通过品牌效应和示范作用，带动经济发展和生态保护，提升区域优势资源开发能力，以区域特色产业为引领，打造核心产业，围绕核心产业构建生态产业集群。

（2）新型引领原则

立足现在，着眼未来，合理规划，通过技术创新、体制创新、机制创新和管理创新，以点带面，全面发展，使其先进经验和成果推得动、推得广、用得久，产生较强的辐射带动能力。通过政府引导，企业自主经营，实行企业负责制。本着多渠道规划建设、多形式成生开发、全方位辐射的原则，统筹规划、协调布点、灵活运作，不断在实践中探索建设和发展的新路子，提升创新能力。在生产过程中不断创新工艺水平，促进企业生产效率提高，提升企业产品附加值，使企业获取效益的能力增强，提高企业无害化生产能力，减少环境污染，保护环境，通过创新引领生态产业集群快速发展。

（3）科技支撑原则

符合我国低碳科技发展的方向，符合我国低碳产业发展的方向，符合低碳产业集群发展的方向。主导产业明确，发展方向正确，要达到技术先进、管理先进、成果先进之水准。应突出低碳新技术的科技开发、推广辐射、产业带动、教育培训等功能，使生态产业集群成为低碳新技术的引进开发基地、示范推广基地、现代低碳科技企业的解化基地、现代低碳科技人才与现代生产的培训基地、低碳科技信息的传播基地及现代高科技产品的标准化生产和出口基地。

（4）产业带动原则

通过生态产业集群的示范带动作用，依托低碳农业产业集群内的龙头企业，采取"上游+下游企业+市场""上游企业+下游企业+中介机构+政府+市

场＋智力机构"等多种形式，形成一体化生态经营，构建一条龙共生产业链，引进示范推广低碳新产品、新技术，做大、做强低碳主导产业，不断推进规模化、集约化。以市场为导向，实行生产、加工、销售一体化，提供整体服务，上下游企业联手参与市场竞争，提升生态产业集群产业对区域低碳产业一体化发展的带动能力。

（5）综合效益原则

尽量降低成本，提高效益，注重经济、生态、社会的协调发展，带动滇中生态经济区的结构的调整，达到整体效益的最大化。建设体现项目规模效益、经济综合效益，具有明显的经济效益、社会效益和生态效益。建设的宗旨是实现以生态效益为基础，经济效益为核心的综合效应。生态产业集群的建设是用现代科学技术改造传统产业，旨在提升以生态效益为基础，经济效益为核心，社会效益为宗旨的现代低碳产业综合效益发展能力，转变我国产业发展的生产方式。

二、滇中新区生态产业集群服务创新建议

（1）生态产业集群服务创新应秉承系统思维。

滇中生态产业集群内企业因素、公共管理因素、智力支持因素及其他外部因素对产业生态集群均有影响。这些因素既涵盖了集群内部因素，也涵盖了外部因素；既涉及集群内的产业定位、企业自身的生产循环，也涉及外部的资源输入、知识服务、政府规划等。这要求在生态产业集群构建的过程中，应以系统思维为指导，从多方面、多角度优化生态产业集群各类影响因子的成长环境。传统的产业集群建设，往往只看到经济指标的重要性，注重集群的经济价值，而忽略了环境、政府等因子在产业集群发展中的重要作用，所建成的产业集群在资源利用、外部效应、集群景观、持续能力等方面均有较大缺陷，不少产业群甚至因此走向衰败。而目前的生态产业集群建设，也有一些学者认为只要将传统产业集群进行环保改造就能实现产业集群的升级。实际上这是犯了简化论错误。贯彻系统论思维，构建一个面向未来的滇中生态产业集群，不能只单注重某一方面的建设，而应综合考量生态经济区经济、环境、政府、社会、科研院所等在集群建设中的功能和责任，深入探讨它们之间的相互关系，将各类因子科学接合在一起，不仅要注重集群的经济效益和生态效应，也要关注集群的知识效应和社会效应。

（2）生态产业集群服务创新应以群内企业和公共管理两大因素为主要抓手。

通过分析知道，群内企业和公共管理两大因素是影响生态产业集群服务创新的两大关键性因素。

（3）注意外部因素和智力支持因素对生态产业集群服务创新的影响。

目前，外部因素对滇中生态经济区生态产业集群服务创新贡献较大，但智力支持因素的贡献不明显。应引起特别注意。其中，资源输出是产业集群外部因素的重要指标，知识创新能力是智力支持因素的重要指标。二者对生态产业集群的影响远高于其所在的因素层。因此在生态产业集群建设中应对二者有充分的重视。对资源输出的重视，实质上就是要以生态的观点重新考察整个集群的产出效应。不仅要像传统集群一样讲经济效应，还应重视集群的社会效应与生态效应，努为促进集群综合效应最大化。

（4）提高政府投资率可显著提高区域经济水平总量，同时区域产业集聚度和区域资源水平量影响不大，但两者的收敛路径均有一定程度的不同，政府投资率越高，区域产业集聚的速度越快，区域资源的利用效率越高。另外，提高区域教育投资占出，并不能直接提高区域经济水平总量，但可提高区域经济水平的发展速度，即不考虑资源约束的条件下，区域教育投资占比越高，区域经济发展速度越快，但区域资源转化为区域经济总量的水平是不变的。同时，区域教育投资占比越高，区域产业集聚度越高。区域资源水平直接影响区域产业的集群度，进而影响区域经济的发展。

（5）滇中生态经济区的发展要以促进生态和经济协调发展为主线，合理规划、科学管理，突出区域传统优势，以体制创新和科技进步为动力，转变发展方式，创新发展途径，主动构建保障机制，主要建议如下：

①突出滇中生态经济区原有产业结构中的传统优势，规范区域企业进驻机构，提高现有企业的科技创新能力，加快淘汰产业结构中产能消耗较大的企业。规范区域企业的进驻机制，对沿海及周边省区产业转移的企业实行严格的考核及测评，创新进驻企业考核流程和考核指标。同时，提高生态区域内的科技创新能力，联合区域科技创业园和高校产业园，加快原有产业结构中产能消耗较高企业科技创新，逐步淘汰不利于产业结构的企业。

②增强生态企业的集群效应。充分利用现有资源优势和政策优势，研究探索符合生态经济区发展的产业结构，有步骤、有规划地建设生态产业链，加大支柱产业上下游的扶持力度，充分利用产业链中核心企业的榜样作用，建立企业带动产业发展，以支柱产业带动生个生态产业链的互动发展模式。同时，完善政府在不同发展阶段的服务对策。政府公共政策、产业集群和集群内企业等三个层面也设计并提出了产业集群在全球价值链的不同阶段的不同对策。

③提高区域经济发展的示范作用和辐射作用。滇中生态经济区的建设是我

国国家级综合开发示范区，同时是国际生态经济合作的重要平台，增加与滇中生态经济区的国内国际合作，充分利用国际生态区先进的发展经验，把昆明城市群作为生态经济区前期劳动力和产业转移的重点区域。同时把楚雄城市群作为生态经济区发展中后期的主要辐射区域。

（6）城镇化是21世纪全球共同发展的趋势，中国目前正进入城镇化发展的快车道。2011年我国城镇化率首次过半。据国家卫生与计划生育委员会流动人口司的测算，1997—2012年的16年间，我国城镇化率由30%上升到52.6%，改变了新中国成立初期畸形发展状况，步入快速发展阶段，预计到21世纪中叶将进入城镇化平稳发展阶段。为了促进滇中生态经济区的良性发展，首先，要积极稳妥推进城镇化的发展。可以产业为依托，逐步形成功能互补、空间结构优化、规模不等的大、中、小城市同步发展方式，并以城带乡、以工促农统筹城乡协调发展；其次，制定、完善有关环境保护治理条列和经济区开发等法律法规，营造有利于资源流通的社会环境，对节能减排和绿色信贷示范项目给予贷款担保与贴息优惠政策；再次，根据国家对滇中生态经济区"集聚经济，高效开发"的功能定位，编制生态经济区鼓励、限制、禁止发展的产业和行业目录。工业产业主要布局在高效集约发展区，加快传统优势产业升级改造，淘汰污染型企业和行业，重点培育科技创新型、资源节约型和环境友好型的工业。

（7）影响区域经济发展的主要因素是资源消耗水平，资源消耗水平影响产业集群的集群度和区域经济水平，如果按照已有的数据不做任何改变，生态经济区随着资源的消耗，会逐渐进入停滞增长阶段；如果适当调整资源消耗水平变量，产业集群度和区域经济水平随之发生变化，目前最符合实际情况也同时是最优化的方案是：逐步的、有限度的使用替代能源，使区域资源存在一定的可替代性，区域内经济规模和产业集群度的发展水平介于资源无约束和可能消耗殆尽之间，但是经济发展可持续性更强，发展趋势更趋于合理。另外，生态经济区的区域经济发展影响较大的行业集中于食品制造及烟草加工业、化学工业、金属冶炼及压延加工业、电力、热力的生产和供应业。但各行业中产出增幅较大的行业主要有：废品废料、研究与试验发展业、综合技术服务业、水利、环境和公共设施管理业、卫生、社会保障和社会福利业、文化、体育和娱乐业和公共管理和社会组织。从消耗总量来看，生态经济区内原有的高消耗型产业仍占据着区域经济增长的主要部分。但是废品废料、研究与试验发展业、综合技术服务业、水利、环境和公共设施管理业、卫生、社会保障和社会福利业、文化、体育和娱乐业和公共管理和社会组织等行业对区域内的经济增长作用越来越大。

（8）不可再生资源消耗殆尽是个不可逆的过程，围绕生态产业集群建立的需要，减缓资源消耗速度，提高对资源的循环再利用能力，一方面，提倡循环产业，构建以产业共生理念和循环经济为指导的生态产业集群，尽可能的对资源进行再回收再利用；另一方面，要考虑进行技术创新，利用太阳能、风能或者其他等可再生资源代替水、煤、天然气等不可再生资源，低碳发展、低能耗发展，减少对不可再生资源的过度利用，甚至在一定的时候完全代替对可再生资源的利用，实现生态产业集群的长久可持续发展。

（9）加大资金的投入，加大政府对生态产业发展的资金支持。一方面，充分利用财政高技术产业化资金，从政府财政产业化资金中专门划拨专项资金用于生态产业的发展，用于项目研发、市场开拓。另一方面，积极开拓各种融资渠道，利用经济手段，培育产业和引导市场，促使各种渠道的资金进入生态产业发展的事业中来。在增加政府投入的基础上，按照"谁投资、谁建设、谁受益"的原则创造条件，广泛吸引社会资金来开发建设符合生态产业发展要求的项目，建立长期稳定、符合循环经济建设要求的生态产业投资机制，促进生态产业集群快速、健康的发展。加大教育投入。企业技术提高、工艺更新需要科研人才需要知识更新，可更新能源的研究、技术更新也需要人才需要知识更新，生态经济区建设更是需要人才需要知识更新，教育是所有创新的开端，科研院所和高校拥有大量的科研工作人员和优秀的教师团队，他们通过提供咨询服务、科学研究、科技成果转化及提供人才输出等方式积极的参与到生态产业集群的建设中。应通过加大教育投入提高绿色、先进技术的推广应用与转化能力，重点研发清洁生产和循环生产技术，在可更新能源领域进行重点技术攻关，通过加大教育投入，推进生态产业集群绿色、可持续发展。

（10）优化区域产业结构，提高高科技产业占比。要突出生态经济区原有优势产业中的食品制造及烟草加工业，继续加强对废品废料、研究与试验发展业、综合技术服务业、水利、环境和公共设施管理业、卫生、化会保障和社会福利业、文化、体育和娱乐业和公共管理和社会组织等行业的扶持为度，规范区域企业进驻机制，提高现有企业的科技创新能力，加快淘汰产业结构中产能消耗较大的企业，要逐步减少化学工业、金属冶炼及压延加工业等传统高消耗、高污染行业企业对经济的影响力。规范区域企业的进驻审核机制，对周边省区产业转移的企业实行严格的考核及测评，创新进驻企业考核流程和考核指标，提高生态区域内的科技创新能力，联合区域科技创业园和高校产业园，加快原有产业结构中产能消耗较高企业的科技创新能力。

三、滇中新区生态产业集群服务创新机制设计

（1）政府的服务创新机制

生态产业集群的建设过程中，要充分发挥政府的管理职能，在充分遵守市场规律的前提下，做好引导和服务。一方面，积极创新政府职能，在对生态产业集群建设的宏观管理和服务上，简政放权，提高服务水平和质量，通过出台环境标准、制定环境政策与法规、建立激励与惩罚等措施，进行政府层面的宏观调控和管理；通过建设公共服务平台和基础设施等手段，对资源调配的市场失灵进行引导和补救；另一方面，探索创新管理方法，改变传统的管理者与被管理者的政府与企业的关系，建立行政服务者与服务对象的新型良好关系。政府的角色定位应从重管理向查服务转移，不再是"管什么""怎么管好"而应该是"为谁服务""应该怎样服务更好"。首先，公共管理方面，鉴于目前公共管理因素得分不高的现实，应该加强政府主导调控，做好政府规划和政府监督外，未来还应该着重提升政府的服务能力，构建生态化产业集群建设的制度环境，逐步完善生态经济区范围内的政府机制。具体而言，需要加强生态经济区的公共服务建设，重视生态经济区的道路运输、水路运输和航空运输等基础设施建设，构建多位一体的、高效、快捷的现代化综合交通运输体系。加快生态工业、生态农业及生态服务业的建设。结合信息化要求，建立现代信息化服务平台，发展互联网＋的综合运输管理模式，实现信息资源共建共享，逐步提高管理质量和效益，逐步提升政府服务水平和能力。其次，加快产业集群生态化发展的体制环境建设，借鉴国内外成功案例经验成果，逐步完善生态循环经济的配套标准，加快制定生态循环经济的相关法律法规，明晰政府管理部门的责任和义务，将产业生态化发展制度化。

探索创新政府服务方法：积极发挥政府协调作用，积极作为，转变原有在产业集群建设过程中单一的下达行政指令的管理方式，着力加强生态产业集群建设的顶层设计和技术业务指导。因地制宜、充分调研，结合本领域内的资源、产业和产业结构优势，建立以某个关键产业为主导，其他行业、产业有机组合、关联和补充的工业生态链或生态网，完善产业集群内部激励和保护机制，对先行投资企业和绿色企业给予政策扶持和物质奖励，规范相应的管理制度和条例法规降低投资者的政策风险，减少绿色企业对投资的担心，减少非环境保护因素的影响，保障环境不受到破坏。

创新基础设施建设方式：基础设施建设与共享是生态产业集群发展循环经济的重要平台保障，完善的基础实施建设可推动整个产业集群的发展，也可减

少集群企业间的摩擦。首先，创新理念构建生态产业集群的基础设施，建立一些污水集中处理、废物回收利用、消防设施、绿化构建、交通运输、物流仓储等共享基础设施，减少中小型企业的经营成本，提高基础设施的使用效率。其次，加强生态产业集群的配套设施建设，加强生态产业集群内部企业的交流与沟通，着力提高生态产业集群的吸引力，同时将水电的供应进行集中设计、提高土地使用率等融入到完善基础设施和公共设施建设中，能够吸引更多的企业参与到生态产业集群建设中。最后，完善无形基础设施建设，生态产业集群中，软环境、管理人员和管理制度及法规政策都属于无形基础实施，这些服务体系建立对生态产业集群工业生态链或生态网的发展具有十分重要的作用，信息网络的建立可促进企业之间信息流动更加快捷、沟通交流更加方便，金融机构和咨询机构的设立给新入群企业带来福音，能够帮助其创业和拓展。在无形基础设施建设中，需要不断满足企业的发展需求，逐步完善产业集群中的服务体系，才能吸引更多的企业集聚，不断增强生态产业集群的核心竞争力，最终使产业集群共生企业获益。

政府只有根据生态产业集群的发展需要，创新有形和无形的基础设施服务，才能形成生态企业的进一步聚集，才能支撑生态产业集群更好的发展。

创新政府管理方法：在构建生态产业集群集群中，应着重突出政府的服务职责。政府应本着有利于生态产业集群的聚集、有利于循环经济效益的原则，创新政府管理方式与方法，重点做好以下几项工作。

①政府为主导的产业企业准入制度：为了防止区位资源有可能被滥用，在生态产业集群企业招商过程中，政府需实行严格的区位准入制度，并建立绿色核算和生态创新为重点的区域准入规范与机制。新加入产业集群的各类企业都必须进行绿色审核和现场考察，才能确保实现产业集群绿色生态和循环经济的目标。生态产业集群建设需考虑可持续发展，政府就必须对进入集群的企业进行严格的筛选和限制。生态产业系统从理论上来说是一个相对封闭的生态系统，集群中各类企业在基础设施利用上都具有一定程度的共享性和耦合性，如果集群企业的准入仅仅由市场决定，很有可能将对集群生态产业链构成威胁，这个时候政府应该主动进行宏观调控，对进入集群的企业进行甄别，挑选合适并认同生态产业系统和绿色发展理念的生态型企业，逐步完善生态产业集群建设。

②对生态产业集群的引导服务：政府的引导服务在生态产业集群形成及对生态产业系统建立至关重要。一般情况下，生态产业集群中各企业都能够采取有效的环保措施，表现出比较好的外部经济性，获得较好的经济利益的同时提高生态社会效益。往往有一些企业一旦经济利益受到损害，就会出现环境市场失灵等情况，导致产业集群的经济效益目标和生态发展目标难以实现。再加上

生态产业建设初期的各种问题出现，往往导致生态产业集群建设遇到瓶颈。这时候就需要政府的正确引导服务，生态产业集群建设一般都是有政府主导建立的，产业集群与政府有着密切的关系，将政府"有形的手"和市场"无形的手"相结合，帮助促进产业集群的建设。同时政府能够影响产业集群核心竞争力，也就是产业集群的环境，包括激励机制、投资融资、科技人才及生活保障等方面。

③对生态产业集群生态产业链的设计：政府根据生态产业集群的定位进行总体规划和顶层设计，明确生态产业集群中主导企业类型，并考虑主导企业可能涉及的原材料和主副产品等，招商寻找潜在用户，从而确定生态产业集群内企业间的生态链上下游关系。同时，在构建生态产业链中，还应该根据供需方需求和要求，对物资流动方向、规模和质量做必要的调整，既要考虑主导企业的需求，也要兼顾中小企业的利益。集群建设初期，集群中的中小企业可以不成规模的利用主导企业中间副产物，但随着集群生态产业链的逐步建立，主导企业中间副产物不足以满足中小企业的生产需求，势必要需找新的原料来源，这就给生态产业链的设计带来了挑战，如何在整个生态产业链的设计中，正确估算设计以价值流为主体的物质流、能量流和信息流是关键。政府在整个产业设计过程中，应该充当企业的中介机构和服务机构，并通过具有法律效力的协议来构建生态产业链，而且在建立生态产业链的过程中，应该建立减免税收等激励措施或政策，来弥补一些企业为了构建生态产业集群而失去的经济利益。

④营造良好的政策服务软环境：良好的政策环境是生态产业集群共生网络健康发展的重要基础，同时由于生态产业集群内副产品之间交换的特殊性，政府在生态产业链的建设与生态治理的过程中具有不可替代的作用，充分发挥政府的协调与管理功能有利于集群内生态网络的安全与稳定。这需要政府根据产业集群的实际情况，出台一系列的政策法规和制度，逐步完善政府服务职能，为产业集群工业生态链或生态网络创造良好的运营环境。首先，政府应积极加快建立有利于产业集群良好发展的法规、规章和相关政策体系，鼓励产业集群中内部企业相互交流交换相关产品，提高企业资源的使用效率，减少不必要的资源浪费，规范产业集群中内部企业的各种行为，加强和鼓励企业间良好的诚信合作，营造良好产业集群的文化氛围，同时明确政府各部门的分工，加强各部门的协调合作，建立健全产业集群生态环境建设目标责任制等激励处罚措施，将各部门的政府年终述职与产业集群内部企业的建设目标挂钩考核。其次，政府应加强招商引资工作，制定相应的优惠政策吸引有竞争力的企业进入产业集群，不断弥补产业共生链条中的空白环节，不断增强产业共生链条关系的连续性，逐步提高产业共生网络企业的整合冗余度，促使产业共生企业关系不断夯

实，同时拓展产业集群中企业共生网络类型，丰富产业集群企业的共生网络形式和运行模式，不断提升工业生态系统的网络复杂程度，不断提高产业集群共生网络抵抗干扰能力，促使集群产业共生网络良性循环和可持续发展。

⑤第三方协调管理服务；政府职能部门有其特殊的地位，在协调和维护产业集群共生网络中应做好协调管理服务，着力解决产业集群网络中企业间的问题，化解企业间的矛盾和冲突，做好"第三方"服务者。首先，做一个"公立人"，在产业集群企业治理机制政策制定上，要保护诚实者，维护诚实企业的利益，保持公正性，消除多种治理结构带来的不良影响。其次，做一个"协调人"，政府作为产业集群的管理者，因不涉及企业的利益，适合在企业间出现问题影响产业集群网络安全时充当协调人的角色。通过政府的积极参与，可减少产业集群企业网络中断关系的可能，避免更多的损失，同时，通过实施政府职能，可稳定产业集群企业网络关系。

（2）企业间的服务创新机制

①群内企业方面，注重集群的产业选择，充分考虑循环经济的应用及环境的维持。生态产业集群的原始经济推动力还是集群内企业的自我发展。生态产业集群的建设，应该更加注重环境的维持和注重集群内企业的产业选择，适时导入循环理念和共生模式。对滇中生态经济区而言，目前在环境维持和循环理念上表现不错，但是在产业选择和共生模式上表现欠佳，需要重点改进。具体而言，在产业选择方面，应严格按照生态规律来优化选择和配置产业群，坚决淘汰那些高污染产业，摆脱传统产业集群所走过的"高消耗、高产出和高污染"的粗放型增长方式之路。此外，按照可持续的原则，为从根本上解决资源的污染问题，还应大力倡导循环经济理念和环境维持理念，尽可能的通过集群内部的产业协同建设，加大对资源的循环利用，以此来提升资源的利用效率、减少集群的环境损害。滇中生态产业集群内要充分利用生态经济区内的生态优势，全面推行以循环生产和清洁生产为核心的生态农业发展模式，减少农业对滇池的污染。加强生态工业的发展，减少工业废水、废物的排放。实现"资源—产品—再资源化"循环经济生态系统，获得良好的生态和经济效益。积极发展生态服务业，如生态物流、生态旅游等，生态服务业是生态循环经济的重要组成，为生态农业、工业和产业集群生态化建设提供支撑服务。

在整个产业集群中，企业是服务创新的实施主体，是所有创新的出发点和落脚点，要构建企业间的服务创新机制，为促进企业生产与服务进行良好结合，不断提升企业技术创新能力和水平，增加企业的利润。

②加强末端服务创新：上游企业通过对产品末端废弃物和副产品进行相应的工艺加工，为下游企业提供副产品服务，下游企业针对上游企业副产品特性，

建立相应的处理系统，开发相应的新技术和工艺，实现资源再利用，增加企业收益。上下游企业自身的新工艺技术的开发，过程集成优化，从企业管理方式、产业组织形式、企业产品服务等方面加强创新，通过顾客供应商参与的产品服务创新，为产品增加附加值，减少制造过程带来的环境污染；加强系统服务创新；包括开发可再生资源供应体系、生产和消费体系等，生态产业集群通过施行产业共生、循环经济、低碳经济、生态消费等政策，开发可再生资源能源新技术、新市场、新商业模式，新的产业组织。

③走生态创新之路。

a. 群内企业方面，注重集群的产业选择，循环经济的应用及环境的维持。生态产业集群的原始经济推动力还是集群内企业的自我发展。生态产业集群的建设，应该更加注重环境的维持和注重集群内企业的产业选择，适时导入循环理念和共生模式。

b. 加强对生态创新成果的宣传。生态产业集群是一个共生产业链，创新成果在链内传播速度很快，某一项创新成果的应用，将会迅速对整个产业链产生作用。一项生态创新成果或者绿色技术成果的应用，会在整个生态产业集群内产生锁链式反应，将在整个集群内迅速传播，对整个生态产业集群的技术提升、工艺创新、环境资源节约利用、生态保护方面产生作用。

c. 各产业、企业通过集群创新，加强产业科学研究，利用新能源、新技术、新材料降低对各类不可再生资源的消耗，提升能源使用效率、提升生产效率、减少污染物排放，提高产品的附加值，提高产品工艺水平。实现资源的高效利用和低碳排放，从而带动整个产业集群的生态化发展。

④选好核心企业，合理利用资源。生态产业集群中的核心企业，一般是在政府的培育和引导下，入驻生态产业集群，该企业在区域内应该有不可比拟的优势，在区域内具备相对的竞争优势，核心企业一般作为上游企业存在，在此基础上，群外企业由政府引导，或者由市场经济主导，参与到生态产业集群的共生产业链中来，一般作为下游企业、补链企业存在。核心企业的选择代表了对区域内产业方向的选择，选定了核心企业也就选择了该区域或者该产业集群大致的产业方向。合理利用资源，就是合理利用一切可能被利用的资源，上游企业产生的废料、废气、废水都可被下游企业合理利用，实现生产的减物质化、再循环化。

⑤以市场为导向，培育具有较强国内竞争力的生态企业。企业是实施生态产业的最终策动力和执行主体，要充分利用云南产业结构改造升级的有利时机，以市场为导向，以企业为主体，通过上市、兼并、联合、重组等形式，培育若干拥有著名品牌和自主知识产权、主业突出、核心能力强的生态优势企业，扶

持培育具有较强竞争力的生态企业，企业间充分发挥行业协会和中介组织作用。目前大多行业协会代表性不够，功能不健全、行政色彩浓重、自主性不够。因此行业协会要进行调整和改革，优化布局结构，扩大社会覆盖面，充实协会功能，推进政企分开，自主办会，加强行业自律。企业应提高环保产业技术开发程度，提高环保高新技术产业化水平，围绕环保产业发展重点，加大在环保产业急需突破的关键技术和共性技术领域的攻关力度，企业主动与高校、科研院所进行产学研联合项目攻关和开发。

⑥对传统产业集群实行生态化改造。现有的产业集群并不一定都是生态产业集群，其中大多数的发展仍然伴随着对环境的污染，这类产业集群也不可能马上关闭，仍然为地方经济发展起着重要的推动作用，对这类传统产业集群，只能逐步采取生态化改造的手段。从科学合理的规划开始，对传统生态产业集群从核心企业的重新选择，对土地、交通、环保等因素进行重新规划，淘汰部分污染严重的企业，引进生态化发展的核心企业，淘汰技术落后的企业，引进高科技核心企业，改造污水、废弃物处理系统，逐步引进能够形成共生产业链的补链企业，逐步将传统型产业集群改造为生态产业集群。

⑦形成高效的生态产业集群产业链：

a. 生态产业集群是一个分工合理，布局完善的共生产业链，链内各环节的企业既存在着竞争关系，又存在着协作关系，竞争关系的存在，驱动着链内各企业进行创新，从末端的产品服务创新，到工艺的提升技术创新，到管理服务创新等，迫使每一个企业为了追逐利润，或者应对其他企业的进步必须开展各种类型的创新，推动企业发展。从而使生态产业集群永远保持活力与动为。协作关系的存在，使生态产业集群的共生产业链内个企业能够优化资源配置，合理使用资源，尽量使资源的利用合理化、可循环化，推动群内企业在协作中达到最优状态，既保障利润的获得，又保障了结构的优化和合理，最终形成分工合作的高效的共生产业链，推动生态产业集群可持续化发展。

b. 保持生态产业集群内的平衡。生态产业集群受制于社会发展各方面因素，有外部因素、有内部因素，外部因素包括公共管理因素：区位因素、政策因素、产业结构因素；知识服务因素：文化因素、教育发展因素；其他外部因素：环境因素、社会发展因素、经济水平因素。外部任何因素的变化都会对生态产业集群造成影响，打破既有的平衡。还有内部企业因素，共生产业链中任何一个环节出现变化，生态产业集群的内部平衡势必会被打破，例如下游企业使用别的原材料，拒绝上游企业提供的服务等，在原有的平衡被破坏后，由政府、市场、生态产业集群自身尽快做出调整，重新找到新的平衡，维持生态产业集群继续发展。

c. 共生产业链的系统集成。生态产业集群内企业建立共生产业链，是通过物质、能量、水资源、信息资源等资源集成方案来实现的。物质集成是通过生态产业链内各企业间的物质交换、物质循环利用来实现的，上游企业为下游企业提供原材料服务，上游企业将在生产过程中产生的废品废料进行加工，为下游企业提供服务，物质在此环节得到转移，生态产业集群中的废物回收公司回收下游企业产生的废物进行循环再利用，形成循环生产的系统。能量集成，如煤、电等不可再生资源，还有风能、太阳能等再生资源。水集成，水是最重要的不可再生资源，对水资源的再循环再利用，是生态产业集群中较为重要的一环，水资源的循环利用，对水资源的集成应该是政府和集群内企业重点考虑方向，生态产业集群内应有固定的废水处理装置和雨水采集装置。信息集成，生态产业集群内的信息沟通非常重要，集群应该重视对信息系统的开发，有效的利用好计算机网络、大数据系统等，避免由于集群内外信息不对称带来的成本增加，避免集群内部企业间信息不对称带来的信息迟滞。有效利用信息系统，挖掘相关信息，打破信息壁垒，推动生态产业集群健康发展。

（3）服务中介服务创新机制

①构建合理的金融保障机制，完善金融市场管理体系，提高民间资本的利用效率。完善金融业务体系，创新对新型服务行业及互联网行业的金融扶持和保障机制。同时，民间资本的有效利用可很好的解决目前中小型企业融资难的问题，是合理金融市场秩序的有力保障。合理规划、科学管理，建立完善的长效人才保障机制。将生态经济区合理的产业结构纳入到经济区自始至终的重要研究课题，充分利用政府、金融机构、高校及区域专家人才库，营造宽松和谐的市场氛围。构建金融服务中介机构。良好的金融环境是生态产业集群发展的必备条件之一，金融支持，是生态产业集群技术创新、产业发展的必要保障。金融中介机构发挥着为生态产业集群内企业融资，提供资金支持的作用。一般包括银行金融机构、其他金融机构、金融咨询公司和投资机构等。金融中介机构的存在可为企业筹足足够的发展资金和技术支持资金，为企业的良性循环提供资金保障。

②建立信息中介机构。通畅的信息渠道，离不开信息中介结构。信息中介机构架起了信息发送者和信息接收者之间的桥梁，避免了由于信息不对称造成的影响。信息中介机构有力的促进了成果转化，推动了科学技术成果的应用。信息中介机构一般有公共的服务机构和集群代理服务机构。公共服务机构一般是咨询机构、技术转移机构、猎头公司、各类事务所等。集群代理服务机构则一般是行业协会等。

③公共服务平台是整个模型中最基本最重要的组成部分。公共服务平台主

要由非营利科技中介机构和政府派出部门组成。非营利科技中介机构大多与政府有密切联系，可分为国家成立的非营利机构和民间成立的非营利机构。他们的共同特点是不以盈利为目的，推进政府主持开发的科技成果产业化或向企业提供科技咨询提供服务等。国家成立的机构主要通过法律和行政法规进行保障和约束。民间设立的，其中大部分属于综合性较强的中介机构，比如政府人员成立的，挂靠政府的民间机构等，只有少量是较为专业的非营利机构。政府派出部门是公共服务平台的重要组成部分，主要包括只有审批地方项目和报送职能县、区级生产力促进中心、科技企业解化器等。科技中介服务机构是模型的重要组成部分。它们主要参与到市场竞争中，通过市场机制调节提供服务，有的服务比如技术成果转化、技术评测等需要的投资高，回报周期长，在根本上不适宜民间资本的进入，但是一些咨询类服务、申报资质的服务，民间资本非常活跃。比如美国科技中介组织的规模一般不大，人员不多，但人员素质高，所有的中介机构不论性质都参与市场平等竞争。在我国产业集群中这部分企业也非常活跃，比如专利委托申请机构、项目代理申报机构等。

④政府主导的服务公司。目前，生态产业集群的成立，政府仍然占主导地位，由政府主导的服务公司一般提供相关基础设施的服务，包括场地、水电、煤等资源的有效配置。服务公司是生态产业集群稳步发展为目标而运行的。另外，对生态产业集群内企业排污和治理污染进行一定的监管。对政府的相关政策通知到位，把握集群内企业生产的现状，及时有效的提供服务，保障生态产业集群健康、可持续发展。

（4）科研院所及高校服务创新机制

在服务创新服务体系中，科研院所及高校是非常重要组成部分，在创新的链式模型中，科学知识是所有创新的开端。科研院所和高校拥有大量的科研工作人员和优秀的教师团队，它们通过提供咨询服务，科学研究及科技成果转化研究等方式积极的参与到服务创新中。当前我国的服务创新模式往往是企业拿着问题找高校，而高校自己研究出来的成果很多都没有转化，仅仅停留在纸面上。反观国外发达国家，政府竭力推进高校与企业间交流，建立数据信息平台，架起高校和企业之间桥梁。

①知识创新方面，目前滇中生态经济区内的知识创新能力明显偏低。因此，要努力提升产业集群的知识创新能力，构建出有利于知识创新的体系。知识创新是当今时代的特征，但并不意味着生态产业集群内会自动的持续进行知识创新，需要采取一些激励措施。由于产业集群的知识创新要通过产业内部组织间的知识共享、传播与组合来实现。因此，要建设生态产业集群，首先，提升需要生态产业集群内的各个主体（企业、科研院所）知识创新的能力，其中尤其

要注意激发集群内科研院所知识创新的动力。其次，要构建有利于知识创新的集群文化环境，鼓励知识在集群内自由流动、共享。

②服务体系方面，高校和科研院所为生态产业集群提供知识和人才服务，高校的首要目的是人才培养，其次是科学研究。而高校的这两项职能恰巧是生态产业集群内企业所必须的。高校和科研院所是科学研究的高地，与企业合作，发挥知识溢出效应，与企业一起攻克技术难关，为企业提供有效的解决方案。另外，高校可提供源源不断的人才供应，可按照企业的需要培养合格的建设人才，高校教师挂职企业为企业解决技术难题，为企业提供合格的科技人才。高校和科研院所推动生态产业集群技术进步、提供人才供应。

③从服务创新体系中的技术创新因素来看，由于我国部分科研院所及高校既有公共服务性质的技术转让和技术开发又有企业性质的技术出售，使得二者成为独立于公共服务平台和科技中介机构的组织。首先，科研院所及高校是科学知识的源头，从技术创新的链式模型中可看到其重要作用，实际上很多技术创新来自于科学知识。其次，部分高校成立了独立法人性质的企业，也有不少教授成立自己的私人公司专口为技术创新服务，这部分企业性质的组织以营利为目的，将高校的科研知识转化为企业生产为。最后，企业在技术创新过程中遇到无法解决的重大问题，往往会通过技术信息平台或者直接找到科研院所寻求帮助。

④从人才供应角度来看，生态产业集群要发展，离不开人才支撑。人才是第一资源，是企业发展的最直接动力。世界格局正在发生日新月异的变化，中国经济发展也逐步进入"新常态"，对人才的竞争更是白热化。云南在人才引进方面远远落后于沿海发达省份，甚至落后于周边省份。在地理位置不占优势，经济发展又落后于其他省份的客观条件下，地方高校为产业集群输送人才就显得尤为重要。生态产业集群内企业要积极与大学开展合作，形成校企协同发展的格局，企业为学生提供实习基地，为学生提供工作岗位，学校按照企业的要求，合理安排培养大纲，培养适合企业需要的合格人才。另外，企业鼓励教师到企业中兼职，出台政策鼓励教师创新创业，吸引技术人才帮助企业一起攻关，教师根据企业的需要进行科学研究，研究的成果能够落地，为企业所用。企业技术人才到高校授课，为高校学生带来一线的技术经验，培养合格接班人。企业与高校、科研院所形成协同创新机制，共同出台灵活的人员流动政策、资金使用政策等，保证人才能够在企业、高校、科研院所中灵活流动。企业利用高校培养需要的技术人才，高校利用企业培养有能力、有技术的合格人才。最终实现高校、科研院所与企业的双方共赢，为生态产业集群的良性发展提供有力的人才支撑。政府要出台相应的人才政策，在云南地域优势本来就不明显的情

况下，政府必须有超前的做法，用超常规的手段吸引人才，留住人才，云南区域经济落后，相关的人才政策也比较落后，与沿海省份的政策相比，甚至与周边省份的政策相比都不占优势，甚至是远远落后，生态产业集群要吸引人才，凝聚人才，打造人才聚集的高地，还有很长的路有走。

（5）生态产业集群服务创新保障机制

①创新管理服务。生态产业集群的公共管理服务保障建议由生态经济区办公室为主要管理机构，宏观指导和协调生态经济区所辖地区生态产业集群内各项重大事务，集群所在县市发改委、环保局、统计局、财政局、国企局、规划局等部门参与成立领导小组，领导小组主要职能为贯彻落实国家发改委《循环经济发展战略及近期行动计划》《循环经济推进计划》及生态产业集群相关工作政策，并负责集群园区内的日常协调和管理。抓好多产业联合型循环经济建设工作的统筹规划，及时部署和解决集群中产业结构升级调整、重点园区和基地建设、关键财税支持政策等重大问题，组织协调生态产业集群创建中的支撑项目推进，定期召开联席会议，跟踪、监督并通报各项工作进展，协调各部联合门工作。

②创新科技服务。结合生态产业集群产业发展技术需求，逐步形成集群稳定的技术引进和人才输入渠道，支持集群内企业和单位科技自主创新，技术集成，进集群科技的国际化；设立科技高级人才专项基金，资助企业科技国际交流活动；建立健全科技信息服务网络，为企业、科技人员和广大劳动者提供服务；加大人才培训和人力资源市场开发强度，建立形式、多层次、多渠道的教育和科技普及体系，全面提高集群内及周边地区从业者的整体科技文化素质和经营管理能力。出台科技人才引进政策，规划建设相关人才平台，切实保障科技人才的利益，吸引外来人才。建立循环经济重点支撑项目"专人专项"的监督管理与服务模式，按照"增加职责、减少环节、创新机制"的原则，由主要负责部门选派负责人员一对一服务重点支撑项目，做到进度及时监督，信息及时反馈，确保项目的顺利实施。加大科技投入力度，提高绿色、先进技术的推广应用与转化能力。加强集群与高校科研院所等科研机构合作，重点研发和应用行业清洁生产技术，支持高附加值利用关键技术的自主创新研究和产业化推广。创建循环经济科技服务专业机构，专门研究分析各行业循环经济发展、节能和资源综合利用有关信息，发布有关循环经济技术、管理和政策等方面信息，开展产业信息咨询、技术推广等业务，实现循环经济技术资源共享，完善技术供给机制，促进循环经济产业技术交流与推广。积极引导行业协会、中介技术机构、学会组织及其他社会组织开展促进循环经济发展的公共服务，积极扶持节能技术服务机构及清洁生产技术依托单位的发展。

③创新政策服务。生态产业集群给集群内企业创业提供一系列配套优惠政策，管委会办公室对政策的落实进行有力监督，切实减轻企业负担，帮助一些有前途的企业快速发展；同时，出台对生态企业的优惠保障政策，利用减少税收，加大经济扶持力度等方式，加大对生态型企业的支撑为度，保障生态企业良性发展，保障生态产业集群内生态企业在低碳发展保护环境的同时获取经济效益。依据《中华人民共和国循环经济促进法》与《中华人民共和国清洁生产促进法》，具体指导生态产业集群发展，结合上级部门的产业政策、环保政策和技术政策，制定推动清洁生产和循环经济发展的相关办法制度，建立自觉性审核和强制性审核相结合的清洁生产审核机制。有计划、分批次针对高耗能企业、高排放企业推进清洁生产审计工作。针对开采、废旧资源再利用等重点行业，制定循环经济鼓励发展技术、装备名录和限制、禁止类技术、装备的指导名录，推动生态产业集群内重点行业、重点企业循环经济技术升级。研究制定废旧资源回收利用管理办法。依据国务院颁布的《废弃电器电子产品回收处理管理条例》，结合生态产业集群经济发展及资源环境现状，制定废弃电器电子产品回收、资源化利用相关标准，进一步指导规范生态产业集群废旧资源资环化利用产业发展。研究制定针对生态经济区内各县市、各园区的循环经济绩效评价，推进固体废物分类及利用、能源梯级利用、特征污染物排放等方面标准制定。强化循环经济相关领域的检验检测与认证服务体系，包括废旧资源再生利用产品的质量、安全与环保评价体系等。

④创新金融服务。将生态产业集群建设纳入生态经济区所在城市的"十四五"规划，各地财政预算对生态产业集群发展做出合理预算，保证生态产业集群基础设施的建设；规划决定积聚各部门争取的资金和项目，集中向生态产业集群内企业和基地投放；拓宽社会融资渠道，引进风险投资机构及省级、国家级投资机构的资金，吸引各类资金向生态产业集群汇集；同时加大对专项资金的监督管理力度，放大资金使用效益。进一步加大政策支持力度，出台一系列可操作性的优惠政策，推进生态经济发展。

a. 财税政策支持。设立生态经济专项发展资金，研究生态产业集群内生态企业发展工作的财税返还优惠政策、价格政策等。

b. 金融政策支持。通过健全循环经济发展的多元化投资，开展多种形式的交流与合作，开拓融资渠道，优先支持推荐申请国债资金，优先和优惠申请银行贷款，争取利用国内外技术援助等；加大对项目的信贷支持。

c. 投资政策支持。加大财政对生态产业集群投入力度，在项目核准、备案时，同等条件优先考虑，并合理预留产业用地空间，对生态经济项目优先给予用地保障等。

⑤创新服务保障。相关管理部门和机构为生态产业集群提供创新服务。所有新入驻企业各项前期手续在集群行政服务中心一站式办理；建议生态产业集群实行封闭式管理，建立产业集群隔离带，所有单位检查收费必须经同意方可进驻，全方位优化集群发展环境。针对目前生态经济指标体系统计管理工作的不足，建议生态经济区建立全面调查与专项调查相结合的统计调查制度，国家有关部委相关统计报表制度，由统计部门制定针对生态经济区、重点园区、企业的生态经济、循环经济统计调查与成效评价制度。由各部门根据职能分工负责生态经济、循环经济统计调查任务的组织实施，定期向统计部门提供本部门生态经济、循环经济统计资料及数据评估意见。同时，构建生态经济区生态经济、循环经济统计信息资源共享平台，实现生态经济区各部门生态经济、循环经济统计信息共享。对发展生态经济、循环经济成绩显著的单位和个人依法给予表彰和奖励。

参考文献

［1］汪世碧．基于生物医药孵化器竞争力的公共服务平台构建研究［D］．电子科技大学，2013.

［2］董志尚．中国产业集群发展存在的问题及对策分析［J］．经济研究导刊，2013（01）：201－202.

［3］曹丽莉．产业集群网络结构的比较研究［J］．中国工业经济，2008（08）：143－152.

［4］Porter，M. E. Clusters and New Economics of Competition［J］．Harvard Business Review. 1998. 11.

［5］陈剑锋，唐振鹏．国外产业集群研究综述［J］．外国经济与管理，2002，24（8）：22－27.

［6］Freeman C. Network of Innovators：A Synthesis of Research Issues［J］．Research Policy，1991，20（5）：499－514.

［7］OECD 1997．National Innovation Systems. Paris：OECD.

［8］Andersson T，et al. The Cluster Policies White book［R］．Stockholm：IKED，2004.

［9］杨知歌．张江生物医药产业集群创新网络结构研究［D］．华东师范大学，2014.

［10］王睿华．基于社会网络分析的文化产业集群系统结构研究［D］．西安建筑科技大学，2016.

［11］张春辉，陈继祥．渐进性创新或颠覆性创新：创新模式选择研究综述［J］．研究与发展管理，2011（03）：92－100.

［12］邵云飞，欧阳青燕，孙雷．社会网络分析方法及其在创新研究中的运用［J］．管理学报，2009，6（9）：1188.

［13］张闯．管理学研究中的社会网络范式：基于研究方法视角的12个管理学顶级期刊（2001～2010）文献研究［J］．管理世界，2011（07）：154－163，168.

［14］Maracha V，Krasnikova T．The evolution of innovation process organization forms：Transfer to collaboration networks and "cluster governance" ［C］// Tenth International Conference Management of Large – scale System Development. IEEE，2017.

［15］Schindler H S，Fisher P A，Shonkoff J P. From Innovation to Impact at Scale：Lessons Learned From a Cluster of Research – Community Partnerships ［J］. Child Development，2017，88（5）：págs. 1435 – 1446.

［16］Giest S. The challenges of enhancing collaboration in life science clusters：Lessons from Chicago，Copenhagen and Singapore ［J］. Science and Public Policy，2017，44（2）.

［17］陈伟，周文，郎益夫. 集聚结构、中介性与集群创新网络抗风险能力研究——以东北新能源汽车产业集群为例 ［J］. 管理评论，2015，27（10）：204 – 217.

［18］李胤奇. 高技术产业集群创新网络的知识转移研究 ［D］. 哈尔滨工程大学，2018.

［19］游竹君. 基于生命周期的产业集群创新网络知识流动演化仿真研究 ［D］. 山西财经大学，2019.

［20］李志刚，汤书昆，梁晓艳，赵林捷. 产业集群网络结构与企业创新绩效关系研究 ［J］. 科学学研究，2007（04）：777 – 782.

［21］范群林，邵云飞，唐小我，王剑峰. 结构嵌入性对集群企业创新绩效影响的实证研究 ［J］. 科学学研究，2010，28（12）：1891 – 1900.

［22］赵颖斯. 创新网络中企业网络能力、网络位置与创新绩效的相关性研究 ［D］. 北京交通大学，2014.

［23］武加媚. 技术创新网络结构对创新绩效的影响研究 ［D］. 首都经济贸易大学，2018.

［24］白光祖，郑玉荣，吴新年，靳军宝，刘秋艳. 基于文献知识关联的颠覆性技术预见方法研究与实证 ［J］. 情报杂志，2017，36（09）：38 – 44.

［25］叶阳平，马文聪，张光宇. 国外颠覆性创新研究的知识图谱分析 ［J］. 科技管理研究，2016，36（16）：1 – 5.

［26］苏敬勤，刘建华，王智琦，陈悦，姜照华. 颠覆性技术的演化轨迹及早期识别——以智能手机等技术为例 ［J］. 科研管理，2016，37（03）：13 – 20.

［27］王晨筱，周洋，陆露，张庆普. 颠覆性创新四阶段扩散过程模型——基于液晶电视机与山寨手机案例 ［J］. 科技进步与对策，2018，35（22）：1 – 7.

［28］孙国为．吉利汽车颠覆性创新模式研究［D］．哈尔滨理工大学，2014.

［29］李政，罗晖，李正风，王宏伟．基于突变理论的科技评价方法初探［J］．科研管理，2017，38（S1）：193－200.

［30］黄子洋，余翔，尹聪慧．颠覆性技术的政策保护空间研究——基于战略生态位管理视角［J］．科学学研究，2019，37（04）：607－616.

［31］王利敏，袁庆宏．产学研合作中双元性学习的平衡机制研究［J］．研究与发展管理，2014，26（02）：17－24＋76.

［32］赵锴，杨百寅，李全．战略领导力、双元性学习与组织创新：一个理论模型的探析［J］．科学学与科学技术管理，2016，37（03）：168－180.

［33］彭新敏，郑素丽，吴晓波，吴东．后发企业如何从追赶到前沿？——双元性学习的视角［J］．管理世界，2017（02）：142－158.

［34］齐昕，刘洪，张军．制造企业创新网络与双元性学习——基于垂直、水平创新网络的比较研究［J］．商业经济与管理，2019（01）：25－34.

［35］于东元．耦合复杂网络的稳定性和分岔问题研究［D］．吉林大学，2018.

［36］何郁冰，梁斐．产学研合作中企业知识搜索的影响因素及其作用机制研究［J］．科学与科学技术管，2017，（3）：12－22.

［37］刘艳革．我国农产品加工产业集群创新策略选择的影响因素研究［D］．安徽大学，2016：23－45.

［38］朱桂龙，蔡朝林，许治．网络环境下产业集群创新生态系统竞争优势形成与演化［J］．研究与发展管理，2018（4）：3－7.

［39］巴顿．城市经济学——理论与政策［M］．北京；商务印刷馆，1984：89－121.

［40］纪玉化．基于网络组织的产业集群分析［J］．财经科学，2010（2）：75－82.

［41］庄小将．知识溢出对集群企业技术创新绩效影响［J］．技术经济与管理研究，2016（10）：3.

［42］黄建康．硅谷创新型网络资本的解读与思考［J］．生产力研究，2007（11）：147－149.

［43］武开，徐荣贞．基于知识溢出的产业集群创新与内生风险分析［J］．图书馆学研究，2012（8）：12－15.

［44］林嵩，姜彦福．结构方程模型理论及其在管理研究中的应用［J］．科学学与科学技术管理，2016（2）：38－41.

[45] 刘炜等. 产业集群的非正式联系及其对技术创新的影响——以顺德家电产业集群为例 [J]. 地理研究, 2013 (3): 518 - 530.

[46] 李琳. 多维邻近性与产业集群创新 [M]. 北京: 北京大学出版社, 2014.

[47] 黄清煌和高明. 基于知识溢出效应下环保产业集群创新绩效机理研究 [J]. 科技管理研究, 2015 (2): 15 - 17.

[48] 郑慕强, 李兰芝. 科技型企业集群创新能力实证研究 [J]. 创新, 2015 (9): 7 - 13.

[49] 江锡军. 知识溢出对产业集群创新正负效应研究 [D]. 华侨大学. 2012.

[50] 李宇, 王俊倩, 产业集群技术溢出的正向利用机制与创新绩效——兼论如何减小技术模仿等负效应 [J]. 经济管理, 2015 (3): 23 - 32.

[51] 张华. 协同创新、知识溢出的演化博弈机制研究 [J]. 中国管理科学, 2016, 24 (02): 92 - 99.

[52] 廉勇. 科技型小微企业集聚、知识溢出和创新策略选择: 新经济地理学和博弈理论解释 [J]. 北京交通大学学报 (社会科学版), 2017, 16 (02): 41 - 49.

[53] 深圳高新区发展报告 2011. 深圳高新区.

[54] 章华. 社会网络嵌入与企业家创新 [J]. 财经论丛, 2018 (4): 66 - 71

[55] Evaldo Fensterseifer Jaime, Rastoin Jean - Louis. Cluster Resources and Competitive Advantage: A Typology of Potentially Strategic Wine Cluster Resources [J]. International Journal of Wine Business Research, 2013, 25 (4): 267 - 284.

[56] Lamia B. H. FDI and Spillovers in the Swiss Services Construction Industry: Interaction Effects between Spillover Mechanisms and Domestic Technological Characteristics [J]. Critical Perspectives on International Business, 2011, 7 (3): 224 - 249.

[57] Isaac, Matthew Oluwagbemiga Ilori. Forms of Technological Spillovers from Multinational Companies to Small and Medium Food Companies in Nigeria [J]. Journal of Technology Management in China, 2012, 7 (2): 152 - 163.

[58] Stam, E. Knowledge and entrepreneurial employees: a country - level analysis [J]. Small Business Economics, 2013 (41): 887 - 898.

后　记

虽然本书对生态产业集群的外部服务创新因素进行了基于系统动力学的模拟分析，对生态产业集群的内部服务创新因素进行了博弈论研究分析，从研究结果看基本达到了预期的研究目标。但由于国内外对此研究还不多、相关文献还不充分、滇中生态产业集群尚在建立过程中等客观因素的限制，以及笔者自身水平所限，目前对生态产业集群服务创新机制的研究还有许多不足之处，下一步将对该课题进行更深一步的研究。

一、研究中存在的不足之处

（1）滇中生态产业集群的数据收集问题

由于滇中生态经济区 2015 年方纳入国家发展战略规划发展，因此生态经济历史数据非常有限，从近年的滇中生态经济区的统计数据来看，影响生态产业集群服务创新的外部影响因素数据、内部企业数据获取相当不易，所以生态产业集群内部影响因素博弈分析，构建相关模型后，实证的数据没有典型企业进行支撑。企业内部影响因素分析就还不够深入和彻底。下一步的研究，希望在随着生态产业集群的逐步成熟，获取相关数据难度有所降低的情况下，能够进一步获取滇中生态产业集群的内部企业数据，对内部影响因素进行更为细致和深入的研究。

（2）生态产业集群内部影响因素分析局限性问题

由于滇中生态产业集群尚在建设中，本课题原拟对生态产业集群内部影响因素进行实证分析，但笔者与多个生态产业园进行联系，难以获得上下游企业之间服务创新的相关数据，所以在本书中对生态产业集群内部影响因素仅能使用博弈论的方法，对企业内部服务创新进行演化分析，提出生态产业集群服务创新内部因素的相关机制，因此这部分的研究具有一定的局限性。

二、对未来研究的展望

本书尝试在生态产业集群内探讨服务创新的机制与服务创新对生态产业集群的促进作用，在取得一些研究结论，获得相关有价值理论的同时，也还存在着上文所述的不足之处。所以，生态产业集群的服务创新机制研究尚有不小的改进和深入的空间。

（1）在滇中生态产业集群发展过程中尽可能获取准确的数据

由于滇中生态产业集群目前仍然处于初期发展阶段，对生态产业集群相关数据获取不易，这对模型模拟的结果会造成一定程度的偏差，在今后的研究过程中，随着生态产业集群的逐渐成熟，随着大数据时代的到来，该研究所采用的数据也将尽可能的准确，减少由于数据精准问题造成的研究结论和成果偏差。

（2）对滇中生态经济区的发展给予更多关注

由于滇中生态产业集群的发展已经写入云南省生态经济区发展规划，保护生态，绿色发展是关键，本课题的研究将延续下去，对生态产业集群的发展持续关注，为云南绿色经济发展提供更多更好的参考和政策建议。

（3）关注服务创新的更多模式

由于服务创新是绿色产业发展的引擎，在生态文明写入党章、写入国家法律之后，服务创新的研究应该将会成为今后学者研究的热门领域，本书总结出生态产业集群服务创新机制中的几种模式，对服务创新理念的丰富还不够完善，具有一定的局限性。但是，随着对服务创新研究的进一步深入，将对服务创新的模式进行更为系统、深入的研究。

吴玉宁

2022 年 8 月